AF309212

THÈSE

POUR LE DOCTORAT

La Faculté n'entend donner aucune approbation ni improbation aux théories émises dans les thèses ; ces opinions doivent être considérées comme propres à leurs auteurs.

LA TAXE UNIQUE

SUR LES

BOISSONS HYGIÉNIQUES

THÈSE POUR LE DOCTORAT

Présentée et soutenue le Mardi 12 Juin 1900, à 10 heures 1/2

PAR

Ph. VIDAL

Président : M. BERTHÉLEMY, *professeur.*
Suffragants : M. LEVEILLÉ, *professeur.*
M. SAUZET, *professeur.*

>+<

LIBRAIRIE DE JURISPRUDENCE ANCIENNE ET MODERNE
Édouard DUCHEMIN
PARIS — 18, Rue Soufflot, 18 — PARIS

1900

A MES PARENTS

AVANT-PROPOS

———

Jean-Baptiste Say définit l'impôt : « Cette portion du bien des particuliers que le Gouvernement consacre à satisfaire les désirs et les besoins du corps social. » L'Etat a en effet des fonctions nombreuses à remplir et comme il ne possède point de ressources qui lui soient propres, c'est à la nation qu'il est obligé de les demander.

Les contributions que l'Etat prélève sur la masse des citoyens se divisent en impôts directs et impôts indirects. L'impôt direct suivant M. de Foville, vise un état de choses durable, permanent, comme l'existence même du contribuable ou comme son habitation, ou comme sa profession, ou comme sa fortune mobilière ou immobilière. L'impôt indirect au contraire saisit un acte, un fait, sans tenir compte des personnes, sans même les connaître.

Parmi les ressources d'un Etat, les contributions indirectes sont un élément indispensable : Les dépenses publiques en effet, comme l'expérience le prouve, croissent régulièrement ; il faut en conséquence, de toute nécessité que le trésor trouve, à côté de l'impôt direct dont la fixité

1

est le caractère essentiel, une contribution participant à l'élastictié de la fortune publique et dont les produits toujours en progression viennent, sans modification de tarif faire équilibre à l'accroissement continu des dépenses budgétaires. Leur maintien est donc absolument nécessaire à la vie même de l'Etat.

M. Touron, dans la séance de la Société d'Economie Politique nationale du 18 janvier 1899, a vivement défendu le principe de la pluralité d'impôts dont nous venons de reconnaître la nécessité, à propos de l'impôt proportionnel sur le revenu global : « Ce que je repousse, dit-il, en lui, c'est le principe de l'impôt unique qui prétend se substituer à la conception de la pluralité de nos impôts. Je le combats non seulement quand on prétend en faire l'outil destiné à niveler les fortunes, mais lorsqu'il apparait sous la forme beaucoup plus anodine d'une taxe proportionnelle sur les ressources globales. » Et plus loin : « Les partisans de l'impôt proportionnel sur le revenu global déclarent qu'ils entendent maintenir l'égalité des citoyens devant l'impôt : avec eux plus d'exemption l'impôt atteint tous les revenus sans distinction ; il s'agit uniquement de proportionner les charges et on caresse l'espoir de remplacer certaines contributions indirectes de consommation par un impôt direct. Mais si l'on veut se rappeler que le revenu n'est autre chose que l'ensemble des ressources des contribuables, on est bien vite amené à reconnaître que pour toutes les familles, si nombreuses à tous les degrés de l'échelle sociale, qui se bornent à équilibrer péni-

blement leurs recettes et leurs dépenses annuelles, l'impôt
sur le revenu global est synonyme d'impôt global sur les
dépenses. Le rêve s'évanouit ; ce que l'on considérait
comme un impôt se prêtant merveilleusement au remplacement des taxes indirectes devient au contraire l'impôt
global de consommation : c'est l'impôt indirect généralisé
atteignant le pain, les vêtements, la pharmacie et jusqu'au
frais faits pour l'éducation des enfants sans qu'on puisse
songer à épargner certains objets, à atteindre moins lourdement les revenus du travail que ceux du capital. »

« En présence d'un tel résultat les partisans de l'impôt
proportionnel sur le revenu global feront sagement, je
pense, d'en revenir au principe de la pluralité des impôts,
qui, seul, permet de disséminer les différents revenus et
d'atteindre la fortune acquise en épargnant la fortune en
formation. » Ainsi nous devons reconnaître que les impôts
indirects de consommation constituent un facteur indispensable à l'équilibre d'un budget aussi important que celui de
la France.

La taxe indirecte la plus importante est celle qui porte
sur les boissons. Son origine est très ancienne, les droits
que les prédécesseurs de Charlemagne percevaient sur le
transport des vins, sous les noms de « *rodaticum* » et de
« *mutaticum* » étaient déjà de véritables droits de circulation. Sans remonter aussi loin, il suffit de rappeler que,
sous l'ancienne Monarchie, les boissons fournissaient la
part la plus considérable des droits d'aide, sorte de subside
destiné d'abord à venir en aide au roi ou au seigneur pour

faire face à des nécessités temporaires, mais qui, peu à peu, ne tardèrent pas à prendre le caractère d'un impôt définitif et permanent.

Une grande quantité d'édits, de déclarations et d'arrêts intervinrent successivement pour régler la perception des droits sur les boissons. Sous Louis XIV, la réforme de l'impôt fit l'objet de la célèbre ordonnance de 1680, préparée par Colbert et dans laquelle on voit figurer les droits d'entrée, les droits de gros, de détail et l'annuel, qui correspondait à notre droit de licence. Un grand nombre de ses dispositious ont été reproduites dans la loi du 28 avril 1816 et plusieurs sont encore en vigueur aujourd'hui. Sauf quelques modifications, elle resta jusqu'à la Révolution le véritable code des boissons.

Mais malgré cette réglementation étroite, cet impôt donna lieu à des protestations et à des plaintes dont on retrouve l'écho dans les cahiers des Etats généraux de 1789. Ces abus devaient le faire bénéficier du mouvement de réaction contre les impôts indirects qui caractérise l'œuvre de l'Assemblée Constituante : les deux décrets du 19 février et du 2 mars 1791 supprimèrent l'impôt des boissons. Il fut rétabli seulement par la loi du 5 ventôse, an XII (25 février 1804), puis maintenu et réorganisé par la loi du 28 avril 1816 qui est restée jusqu'à ce jour. sauf quelques changements, le principe et la base de notre législation.

Depuis cette époque, aucune question économique n'a suscité plus de controverses, plus de projets et de tentatives de réforme. Aucun impôt n'a été plus discuté. Attaqué tour à tour au nom du producteur et du consommateur, il a été mis en question à tout changement de gouvernement ou de régime ; presque tous les ministres des finances ont eu à le modifier ou à le défendre ; il a provoqué de grandes enquêtes parlementaires et malgré les modifications nombreuses dont son taux ou son mode de perception ont été l'objet, on n'a jamais cessé de protester contre les vexations et les inégalités, que, soi-disant, il entraîne. On l'a attaqué sous prétexte qu'il ne tenait aucun compte des revenus de chacun, sans faire aucune distinction suivant la nature des boissons, alcool ou vin ; on l'a critiqué et vivement combattu dans une de ses formes le droit de détail, parce que, dit-on, ce droit fait payer un impôt plus élevé au pauvre qu'à celui qui peut s'approvisionner en gros. Aussi a-t-il épuisé toutes les variétés de perception et de forme, mais après tant de luttes et de transformations, il semble avoir pris une place définitive dans notre système fiscal.

Aussi M. de Verninac, devant le Sénat, s'exprimait-il en ces termes au sujet de la réforme toujours pendante de cet impôt : « Ce serait une curieuse étude à faire que celle de cette réforme toujours projetée, jamais votée, véritable rocher de Sisyphe, que toutes les législations, tous les gouvernements roulent de session en session, sans pouvoir arriver à un résultat, à une solution. La loi de 1816, si violemment critiquée, reste au bout de trois quarts de siècle, la base presque immuable de notre législation des boissons, donnant ainsi par sa résistance à toutes les attaques, la preuve, sinon de sa valeur au point de vue philosophique et spéculatif, du moins de son incontestable puissance en tant qu'instrument fiscal. Certes les difficultés de cette réforme sont nombreuses, car la législation des boissons touche à des intérêts si divers et souvent si opposés, au point de vue agricole, industriel et commercial, qu'il est presque impossible, lorsqu'on l'aborde, de satisfaire les uns sans léser les autres et sans froisser des habitudes qui, pour abusives qu'elles soient, ont pris, au moins par leur durée, l'apparence de droits acquis. »

DE L'EXERCICE

Comment le législateur a été amené à écarter ce mode de perception du droit de détail.

D'après la loi du 28 avril 1816, les vins, cidres, poirés et hydromels, les seules boissons dont nous ayons à nous occuper dans cette étude, sont soumis, suivant la qualité du destinataire et suivant l'importance de la ville, à trois droits différents :

Droit de circulation ;

Droit d'entrée ;

Droit de détail.

Le grand principe que nous trouvons en effet à la base de cette loi fondamentale est la distinction entre l'achat en gros et la vente au détail.

Le droit de circulation est un droit de consommation établi sur les particuliers qui s'approvisionnent en gros ; il repose sur la formalité de la déclaration, faite au bureau de la Régie, des quantités, espèces et qualités des boissons à transporter, des lieux d'enlèvement et de destination, des noms, prénoms et demeures des expéditeurs, voituriers, acheteurs ou destinataires (Loi du 28 avril 1816, art. 6 et 10).

Le droit de détail, au contraire, frappe les quantités de vins, de cidres (Loi du 28 avril 1816, art. 47) et d'hydromels (loi du 25 mars 1817, art. 85) vendues dans les débits : on désigne sous le nom de débitants les marchands de boissons qui vendent en quantités inférieures à 25 litres. C'est une taxe proportionnelle, qui se perçoit sur chaque quantité et chaque qualité en raison de la valeur déclarée et fait payer ainsi aux vins fins qu'on vend dans les hôtels et restaurants plus qu'aux vins ordinaires qui se débitent sur le comptoir, plus à la consommation du riche qu'à celle du pauvre. Le crédit en est fait aux débitants qui ne paient au Trésor qu'au fur et à mesure des ventes, de telle sorte que ces commerçants sont en réalité de véritables percepteurs qui versent l'impôt dans les Caisses de l'Etat après l'avoir recouvré sur le consommateur : un tel régime rendait par suite nécessaire, pour contrôler l'exactitude des déclarations et constater les quantités passibles du droit, des vérifications périodiques; on les désigne sous la dénomination d' « Exercice ».

Il est facile de comprendre en effet que pour ces ventes le législateur ne pouvait adopter le même mode de perception que pour l'achat en gros; il ne pouvait imposer directement le consommateur sans risquer de rendre presque impossible la rentrée de l'impôt. D'un autre côté, le paiement immédiat, avant la vente, ne pouvait être imposé au débi-

tant, puisque nous l'avons vu, le droit de détail est par excellence une taxe *ad valorem* et que par suite pour l'établir
une surveillance incessante est nécessaire. D'où nécessité
de baser le droit sur l'intermédiaire. C'est ce qu'a fait le
législateur : la règle de l'incidence devait se charger de
répartir ces charges sur tous ceux qu'il entendait frapper
indirectement.

Nous étudierons les principales formalités exigées
pour le recouvrement de ce droit sous le régime de l'exercice ; nous serons ainsi amenés à examiner les critiques
dont il a été l'objet et les transformations que des lois suc-
cessives ont fait subir à ce mode de perception primitif. La
loi du 21 avril 1832 qui a remplacé l'exercice par la combinaison de la taxe unique, fera l'objet de notre thèse.

Qu'est-ce donc que l'exercice ? On entend sous ce mot
les opérations dont les employés des contributions indirectes sont chargés chez les débitants pour reconnaitre les
boissons, en surveiller la manutention et en suivre l'écoulement, afin d'établir et de constater les droits. Ce mode de
perception remonte aux premiers temps de la régie, qui
l'avait elle-même emprunté aux aides. La loi de 1816 dit
expressément : « Toute personne qui vend des boissons,
de quelque espèce que ce soit, est sujette aux visites et
exercices des employés de la Régie. » Elle en détermine
la forme et l'étendue dans plusieurs autres articles. La
vente est suivie dixième par dixième ; les employés sont
autorisés à visiter librement, non seulement les locaux de
vente et les caves des détaillants, mais encore toutes les

parties de leur habitation personnelle pour s'y livrer à des perquisitions ; les fûts doivent être numérotés, jaugés, marqués à la rouanne, les prix de vente déclarés et affichés dans l'intérieur des débits ; aux termes de la loi, les transvasions ne peuvent avoir lieu hors la présence des employés et les bouteilles doivent être munies du cachet de la Régie.

Tout retard mis aux exercices est considéré comme un refus et comme tel donne lieu à une contravention ; il en est de même de toute injure, car, dit un arrêt du 22 janvier 1819 : « en autorisant les employés à faire des visites et exercices chez les débitants de boissons, afin de constater leur débit sur lequel la perception des droits doit être assise, la loi a nécessairement voulu que cet exercice fût libre, paisible et tranquille, et que les employés jouissent de la sécurité qui est due aux fonctionnaires publics dans l'exercice de leurs fonctions. »

Telles sont en résumé les formalités dans lesquelles consiste l'exercice établi pour le recouvrement du droit de détail. C'est contre ce mode de perception que les critiques les plus vives ont été dirigées.

On s'en est servi pour battre en brèche les taxes sur les consommations, en général, et toujours il a été un prétexte de trouble, de désordre, quelquefois même de véritables émeutes ; les passions politiques s'en sont emparées pour l'exploiter au profit de tel ou tel parti alors dans l'opposition et chaque fois que l'on a discuté cette question devant les Assemblées Nationales, on a fait revivre le régime des aides dans son entier avec ses fatigantes et perpétuelles visites, ses vexations et ses iniquités, sans tenir compte des changements si importants, des améliorations si sensibles portées successivement par le législateur et l'administration depuis le commencement de ce siècle ; on a montré l'exercice escorté d'abus innombrables : intervention incessante des employés dans les opérations les plus secrètes, visites effectuées dans leurs caves, dans leurs magasins et jusque dans l'intérieur de leur domicile, discussions auxquelles la Régie soumet leur prix de vente, complications de ses comptes trimestriels, difficultés qu'elle leur suscite dans la fixation du taux des abonnements ou dans les réglements des contestations, rien ne manque au tableau qu'on en trace ; on en a conclu que l'exercice est contraire à la dignité humaine et à la liberté des citoyens.

Ces critiques nous les trouvons sans cesse reproduites dans les discussions relatives à la réforme des boissons et elles n'ont rien perdu de leur force encore de nos jours. C'est ainsi que M. Sadi Carnot, alors Ministre des Finances, disait dans l'exposé des motifs, fait à la suite du rapport déposé au nom de Jules Grévy : « L'impôt des boissons rapporte plus de 400 millions : c'est une ressource que la prudence commande de ne pas compromettre. Mais si le revenu de cet impôt est nécessaire à l'équilibre du budget, on ne peut méconnaître que le mode de perception est l'objet de critiques dont un Gouvernement Républicain ne saurait se dispenser de tenir compte. L'exercice ne répond plus aux idées modernes. Successivement délaissé dans les différents pays d'Europe, il est également discrédité en France et s'il a pu y subsister jusqu'ici, c'est que la prudence de l'Administration a su entourer son application de tous les tempéraments propres à le faire accepter », et tout récemment encore, M. Fleury-Ravarin exprimait la même idée : « Les protestations des intéressés visent moins, disait-il, le principe même de l'impôt que la façon dont il est assuré, constaté et perçu par la Régie des Contributions Indirectes. Sans doute les taxes sur les boissons sont inégalement réparties sur les contribuables, légères aux contribuables fortunés, plus lourdes aux petits consommateurs. Mais l'habitude, la tradition ont fait leur œuvre. Ce qui touche davantage le contribuable, ce sont les formalités, les ennuis auxquels l'astreint le mode de surveillance, de constatation et de perception de l'impôt, ce sont les atteintes incessantes à la liberté individuelle. Le contribuable ne peut admettre qu'après trois révolutions, le cercle étroit des formalités administratives inventées sous les anciens régimes ne fasse que se resserrer de jour en jour et c'est surtout de celà qu'il demande la réforme ».

C'est ainsi que la législation des boissons devint bientôt une arène où les dynasties se disputèrent la faveur populaire, autant du moins que le permettaient les nécessités du Trésor. Sous la première restauration, le peuple sur plusieurs points se livra à des violences contre les agents du fisc, profitant du bouleversement général où se trouvait alors le pays : le Gouvernement y répondit par de belles promesses. Le lieutenant général du royaume autorisa le remplacement de l'exercice (art. 53 de la loi du 8 décembre 1814) et des droits de mouvement par une taxe additionnelle dans les villes assujetties au droit d'entrée et ayant un Octroi, ainsi que plusieurs autres changements, connaissant, dit-il, « les intentions paternelles du roi pour le soulagement de son peuple et son désir de retrancher de l'impôt ce qu'il a de plus vexatoire, afin de le rendre plus supportable ».

Le contribuable accueillit avec enthousiasme cette promesse, et en attendait avec impatience l'exécution, refusant d'acquitter les droits et maltraitant les agents. Mais Louis XVIII trouva que le lieutenant-général avait trop donné et il rétablit les droits existant auparavant avec l'exercice déclarant que : « l'Etat a des créanciers, des fonctionnaires, des armées dont les intérêts nous sont aussi chers que ceux des contribuables ; le Gouvernement a besoin de toutes ses ressources. Ainsi, le salut de l'Etat exige que toutes les lois sur les boissons soient conservées et maintenues ».

Sur ce, « l'Usurpateur » venait de débarquer de l'île d'Elbe : il lui fallait gagner la faveur populaire et montrer aux populations qu'elles avaient perdu au changement de régime.

Le Gouvernement des Cent-Jours ne pouvait trouver un sujet plus favorable à ses vues que les droits réunis. Aussi la suppression de l'exercice fut-elle immédiatement résolue : « Napoléon, considérant que le droit de mouvement et le régime des exercices, pour la perception des droits sur les boissons, excitent des plaintes qui ne permettent pas d'ajourner les mesures à prendre pour en affranchir les propriétaires, le commerce et les redevables, décrète la suppression de tous les exercices. » (Décret du 8 avril 1816).

Le roi à son retour abrogea ce décret : une ordonnance du 29 juillet 1815 règlementa le régime des boissons. Mais, dès la fin de l'année, Corvetto, présentant le projet du budget de 1816, reconnaissait que « la modification provisoire introduite dans la perception du droit sur les boissons ne pouvait plus être maintenue et que l'abrogation en était demandée par ceux-mêmes qui s'étaient le plus élevés contre les exercices. » Une ère nouvelle allait en effet être inaugurée : la loi du 28 avril 1816 fut votée et avec elle l'exercice fut rétabli.

Mais bientôt des réclamations nombreuses s'élevèrent à nouveau, portant principalement sur le mode de perception et des pétitions furent adressées aux Chambres pour protester contre les prétendues vexations de l'exercice. C'est alors qu'éclata la Révolution de 1830. Aux cris de : « Vive la liberté » qui parcoururent toute la France après le 25 juillet, les populations s'imaginèrent que le moment était venu de se défaire à tout jamais de la Régie ; dans le Midi surtout les espérances se traduisirent par des actes et sur quelques points la perception fut suspendue. A peine les nouvelles Chambres furent-elles réunies que les pétitions affluèrent et le Gouvernement reconnut la nécessité d'aviser. Dès le 23 août, une ordonnance nommait une Commission composée de douze membres chargée d'examiner la situation et d'étudier le moyen de donner une nouvelle base à la perception de l'impôt des boissons.

L'exercice était ainsi devenu le point de départ de toutes les attaques dirigées contre cet impôt et la passion politique avait transformé le caractère des récriminations : on en avait fait une véritable question d'élection. Sans doute le suffrage n'était pas universel ; le cens électoral était très élevé et en ce qui concernait le droit de suffrage (500 fr.) et en ce qui concernait le droit d'éligibilité (1000 fr.). Mais l'influence du cabaret n'en était pas moins considérable sur les élections et elle s'étendait avec leur nombre sans cesse croissant : en 1830, il y avait déjà 281,847 débitants et ce recensement ne comprend même pas les débitants de Paris. Or quand le peuple parle politique, et se forme une opinion c'est généralement au débit ! Aussi ces commerçants profitèrent-ils de leur force pour démontrer à leurs consommateurs électeurs et élus tout ce qu'avait de préjudiciable pour eux le régime de la loi de 1816.

Ils leur montrèrent le droit de détail perçu à la suite de l'exercice venant s'ajouter au prix des consommations et participant à maintenir leur prix relativement élevé ; ils s'attachèrent à les apitoyer sur le sort de la classe pauvre qui ne pouvant, disaient-ils, s'approvisionner en gros, est obligée de venir à eux, payant ainsi un droit plus élevé que le riche achetant directement au producteur. Mais sous d'aussi belles paroles, ils prenaient en réalité la défense non pas du pauvre, mais de leur intérêt personnel. En supprimant le droit de détail, ils voulaient arriver à supprimer le sujet de leurs plaintes. Quant à la diminution des prix, c'était évidemment le moindre de leur souci ; l'expérience l'a bien prouvé. Nous verrons en effet plus loin que dans les villes à taxe unique où le droit de détail est réparti sur tous les habitants, les débitants ont eu bien soin de maintenir leurs prix et de se réserver tout le bénéfice résultant du dégrèvement qui leur était consenti, oubliant toutes les promesses faites dans ce but.

Devant toutes ces attaques, le Gouvernement jugea qu'il ne pouvait rester plus longtemps indifférent aux pétitions arrivant sans cesse plus nombreuses et qu'il lui fallait sans retard, surtout après les violences de 1830, arriver à une solution, la perception étant sur bien des points suspendue et les employés menacés. Aussi fit-il tout pour faire disparaître l'exercice dont le peuple s'était fait « une arme, un drapeau », et qui était considéré par lui comme la modification la plus urgente à introduire. Déjà, sous la législation de 1816, ce mode de perception était écarté par la faculté d'abonnement (1). L'art. 70 disait : « Toutes les fois qu'un débitant se soumettra à payer par abonnement l'équivalent du droit de détail dont il sera estimé passible, il devra y être admis par la Régie ». C'était l'abonnement individuel, souscrit pour une année. La même loi autorisait

(1) Nous devons dire que ces divers abonnements sont encore maintenus dans les communes soumises à l'exercice, mais l'abonnement individuel est à peu près seul pratiqué de nos jours.

encore : 1° l'abonnement général, c'est-à-dire la faculté pour les villes de remplacer les droits de détail et de circulation par un abonnement payable par vingt-quatrième, de quinzaine en quinzaine (art. 73) ; 2° l'abonnement collectif qui est consenti aux communes, sur la demande des deux tiers au moins des habitants et qui consiste à remplacer le droit de détail au moyen d'une répartition sur la totalité des redevables de l'équivalent dudit droit (art. 77 et suiv.). C'est à ces dispositions que l'on recourut provisoirement en 1830 pour écarter l'exercice : le baron Louis, ministre des finances, après avoir déposé un projet de refonte de l'impôt des boissons, fit adopter une disposition transitoire qui substituait l'abonnement à l'exercice et qu'il fit même appliquer d'office dans tous les lieux où la perception avait été interrompue (loi du 17 octobre 1830).

Mais cette réforme ne pouvait être définitive, car l'abonnement lui-même avait soulevé trop de critiques. Il avait donné lieu à des difficultés nombreuses entre la régie et le contribuable. le prix devant être débattu entre eux et le débitant étant toujours porté à voir dans l'employé comme un créancier s'efforçant de tirer le meilleur parti de sa créance.

Aussi, dès le 4 décembre suivant. le Gouvernement reprit la question. dans une loi portant ouverture de crédits provisoires : un dégrèvement de 40 millions fut consenti sur le montant de l'impôt des boissons et l'on recommanda à nouveau aux commerçants l'abonnement, soit isolé, soit collectif, selon le vœu des précédentes législations ; mais on alla plus loin, et l'on vit reprendre le principe posé dans la loi de décembre 1814 : les conseils municipaux furent autorisés à voter la suppression de tous droits dans l'intérieur des villes et leur remplacement, soit au moyen d'une taxe unique, soit par tout autre mode de recouvrement (art. 4).

Cette disposition était bien vague : « Il semble, disait M. Pascal Duprat, en 1880, que le Gouvernement voulait réserver l'avenir, en ne donnant à sa concession qu'un caractère transitoire. » Des difficultés nouvelles naissaient pour l'application et une réglementation devenait absolument urgente. Ce fut l'objet de la loi du 25 avril 1832 ; cette loi, s'inspirant des intentions qui s'étaient manifestées au projet de 1829 et dans les actes de 1830, s'occupa d'introduire des améliorations dans l'application des formalités de la Régie et, reprenant en sous œuvre la question de la taxe unique, en détermina les détails d'exécution. Aussi, est-ce la loi fondamentale sur ce nouveau régime de perception.

DES DIVERS SYSTÈMES
DE TAXE UNIQUE

Nous venons de voir à la suite de quelles influences le législateur de 1830, fut amené à transformer notre législation fiscale des boissons. Les débitants avaient réussi à faire partager leurs plaintes contre le droit de détail et son mode de perception aux représentants de la nation et ceux-ci, en vue de donner satisfaction à cette classe d'intermédiaires, vraiment peu intéressante, s'arrêtèrent bientôt à l'idée la plus simple et qui s'offre la première à l'esprit : celle de réunir tous les droits en un seul et le paiement une fois effectué ou garanti, d'affranchir la denrée et de donner toute liberté au commerce. Le principe de la « Taxe Unique » était ainsi posé.

Comment pouvait-on le réaliser ? A quel moment devait-on exiger le paiement de ce droit « unique ? » La difficulté était là et la question ne fût pas seulement discutée dans le sein de la Commission nommée par l'ordonnance du 23 août 1830, elle l'a été encore lors de toutes les grandes enquêtes dont le régime des boissons a été l'objet depuis. Cette combinaison pouvait en effet être réalisée de trois manières :

Soit à l'origine, sur le producteur ;

Soit à l'enlèvement, au déplacement ;

Soit au passage quand la boisson entre dans certains lieux déterminés.

Nous devons étudier ces différents systèmes, afin de connaître les motifs qui ont amené le Parlement à adopter le régime nouveau réglementé par la loi du 21 Avril 1832.

L'impôt unique sur le producteur, qui, sous une de ses formes, a existé en France de la loi du 5 ventôse au XII (25 février 1801) à la loi du 25 novembre 1808 peut être établi ;

a) Soit par l'inventaire.

b) Soit par l'évaluation des quantités qui devraient être récoltées.

c) Soit par un impôt sur le sol, sur la vigne.

Passy a été un de ceux qui ont le plus vivement soutenu ce système : il est en effet la mise en pratique de son principe Économique énoncé en ces termes : « Le meilleur palliatif aux inconvénients, aux vexations de l'exercice, c'est de taxer autant que possible les produits à leur origine ; lorsqu'il en est ainsi, les choses sujettes aux droits n'entrent dans la circulation qu'après avoir acquitté la dette fiscale ; il n'est pas nécessaire d'en suivre le déplacement ; il y a moins de gêne pour le contribuable, moins de frais pour l'État et moins de facilités pour la fraude. »

Nous verrons que ces idées ont été loin d'être partagées : chaque fois que la question a été soulevée devant le Parlement, soit en 1830, soit en 1850, soit en 1881, la majorité a été unanime à se prononer en faveur des producteurs que l'on voulait surcharger et qui sont assurément à tous les points de vue plus dignes d'intérêt que les débitants. Il faut bien dire aussi que les vives réclamations soulevées par l'expérience de 1804 n'étaient pas oubliées.

L'inventaire est le premier moyen de réaliser cette taxe unique qui devait supprimer à la fois les formalités au déplacement, l'exercice chez le détaillant et le droit à l'entrée des villes. Il consiste à faire constater, par les agents du fisc, l'existence du vin chez le propriétaire, puis, cette existence constatée, à demander au propriétaire l'impôt en raison des manquants ; la circulation serait par contre absolument libre.

Il nous faut étudier les conséquences de ce système, qui a été appliqué sous le premier Empire. A cette époque, la perception en était assurée au moyen : 1º d'un inventaire général qui avait lieu chaque année à la suite des vendanges pour constater les quantités récoltées ; 2º d'un récolement effectué avant la récolte suivante pour reconnaître les manquants, dont on déduisait d'une part les quantités ayant payé le droit (0 fr. 40) par hectolitre pour les vins et 0 fr. 16 pour les cidres) et dont on représentait les quittances, d'autre part les quantités allouées au producteur pour ses déchets et sa consommation de famille (9 hectolitres de vin et 16 de cidre).

Si nous nous plaçons au point de vue théorique, il faut bien reconnaître que ce système serait le plus propre à sauvegarder les droits du Trésor ; le fisc saisirait l'univer-

salité des fruits : par suite la répartition de l'impôt serait
plus égale et sa quotité pourrait être plus faible : l'idéal de
la justice distributive serait ainsi réalisé. De plus le recouvrement de l'impôt étant assuré par la responsabilité du
propriétaire. les autres formalités disparaîtraient, les liquides se déplaceraient sans condition et la vente rendue
plus facile aux propriétaires comme aux débitants, offrirait
à la consommation tous les avantages de la libre concurrence.

Mais si en théorie ce régime est si séduisant, il n'en est
plus de même au point de vue pratique et les critiques sont
alors si importantes contre lui et à la fois si justes, que
tous les législateurs qui ont successivement étudié la question, l'ont repoussé ne voulant pas à nouveau surcharger
le producteur. Il serait en effet éminemment vexatoire pour
ce travailleur, chez lequel on transporterait l'exercice dont
serait affranchi le commerce en gros et celui de détail.

C'est là en effet la critique la plus grave que l'on puisse
adresser au régime de l'inventaire. Ne serait-il pas injuste
d'abolir l'exercice chez ces commerçants pour le reporter
sur une classe huit fois plus nombreuse et d'autant plus
recommandable, aux yeux du Trésor, qu'elle a déjà payé
l'impôt foncier pour le sol qui a donné le produit et qu'enfin
la matière imposable n'existerait pas sans son concours ?
Les promoteurs de l'idée ne dissimulaient pas en effet que
tel était véritablement leur objectif : le débitant voulait se
débarrasser d'une formalité que pour lui il jugeait « vexatoire » et pour arriver à ce but il n'hésitait pas à de-

mander son report sur cette classe de travailleurs, en ayant soin d'ajouter qu'ainsi : « on satisfaisait tout le monde ».

Nous n'en voulons pour preuve que le passage suivant cité par M. Pascal Duprat (car la question est toujours pendante, la taxe unique de 1832 ne donnant pas satisfaction à tous les intérêts, l'exercice étant maintenu dans les campagnes et dans bien des villes de plus de 4,000 âmes) : « Si notre système était adopté, dit la Chambre de Commerce de Brest, il en résulterait, comme conséquence, que l'exercice devrait être pratiqué chez les propriétaires récoltants, ce qui leur déplairait certainement ; mais malheureusement dans cette situation, l'exercice est un mal nécessaire et dès lors ce qu'il y a de plus équitable, c'est d'en réduire l'usage dans la limite du possible. En exerçant les propriétaires récoltants et en faisant payer l'impôt à la sortie de leurs caves, on pourrait dispenser de l'exercice tout le reste du territoire. On pourrait supprimer un grand nombre d'employés et les vexations de toutes sortes qu'entraîne le mode actuel de perception de l'impôt. Ce seraient là d'immenses avantages. Et d'ailleurs il vaut mieux gêner quelques propriétaires, que de gêner tout le monde ».

Ce tout le monde, fait remarquer M. Pascal Duprat, c'est le commerce des vins, soit environ 450,000 personnes. Les propriétaires producteurs sont huit fois plus nombreux et atteignent le chiffre de 2 millions. Le reste de la population n'est pas exercé et la question de formalité lui est indifférente.

Heureusement le Parlement de toutes les époques, sauf en 1804 toutefois, a compris l'utilité énorme pour le pays entier de ne pas répondre à des vues aussi égoïstes. Il s'est rendu compte de l'impossibilité de supprimer l'exercice d'un côté pour le rétablir de l'autre et de libérer une classe de citoyens pour en frapper une autre. Il aurait fallu en effet soumettre à la double visite annuelle tous les propriétaires et fermiers sans exception et donner aux agents du fisc le droit d'entrer, non seulement dans leurs caves, dans leurs celliers, mais encore dans leur habitation ; il auroit fallu leur permettre non seulement de faire le dénombrement des quantités, mais encore de les vérifier, de les déguster, afin de prévenir les substitutions illicites.

Une vigilance des plus actives aurait du être exigée pour arriver à déjouer la fraude qui eût été d'autant plus grande qu'elle cût été plus productive, puisqu'il se serait agi de gagner la totalité du droit. Au temps des récoltes, dans les pays producteurs, des contrées entières, et les plus indociles et les plus ardentes, se seraient trouvées tout-à-coup soumises à l'exercice de la Régie et il eût été impossible d'empêcher l'irritation et le trouble de naître au sein de populations de travailleurs ainsi envahies par une nuée d'agents spécialement recrutés pour la circonstance

Sous le premier Empire en effet, la Régie était obligée d'employer 15,000 préposés extraordinaires pour percevoir 14 millions ! Il n'est donc pas douteux que cette visite domiciliaire imposée aux récoltants eût été odieuse et eût soulevé le mécontentement général.

On peut s'en faire une idée d'après ce qui se passe de nos jours dans les villes à droits d'entrée, où le propriétaire est obligé de subir l'inventaire, la prise en charge et le récolement soit sur les vendanges venues du dehors, soit sur les boissons fabriquées à l'intérieur de la commune. Aux époques de crise, c'est toujours là que se produisent les violences. Aussi est-il permis de se demander ce qui serait advenu si ce système eût remplacé la loi de 1816 ? Un membre de la Commission d'enquête de 1850, qui repoussa à l'unanimité ce régime de perception de l'impôt des boissons, exprimait en ces termes l'impression que la perspective de cette combinaison faisait éprouver au monde agricole : « L'Administration n'est aujourd'hui qu'à la porte du producteur ; que serait-ce donc si on le faisait entrer dans le domicile ! »

L'inventaire aurait, au reste, un autre défaut très grave : avec lui, la charge paraîtrait beaucoup plus lourde qu'avec le système de l'impôt à la dernière vente perçu par l'exercice sous la forme du droit de détail. Sans doute, l'impôt est déjà bien lourd, mais il se cache plus facilement dans le prix de la marchandise ; que serait-ce avec l'inventaire ?

Le produit étant taxé dans les celliers du récoltant où il n'a encore que sa valeur primitive, l'impôt formerait toujours, avec cette valeur, une disproportion qui le ferait paraître plus onéreux et le rendrait plus insupportable.

C'est là une conséquence dont le législateur devait peser toute la gravité : pour qu'un impôt soit bon, pour qu'il soulève le moins de réclamations et de haine, il faut qu'il passe le plus inaperçu possible. Pour cela, il faut le morceler sur une infinité de têtes : notre système actuel réalise bien cette conception. Aussi, n'est-ce nullement contre la répartition et le montant de l'impôt actuel, mais contre son mode de perception seulement que les plaintes se sont élevées : « Faites-nous payer davantage, si cela est nécessaire, disent les assujettis, mais libérez-nous de l'exercice. »

Ce ne sont pas là les seules raisons qui ont amené les membres de la commission de 1830 à repousser le système de l'inventaire. Il a contre lui quelque chose de plus décisif que toutes les objections qu'on peut présenter c'est l'expérience.

L'inventaire a, en effet, existé à plusieurs reprises en France. Avant la Révolution, nous le trouvons dans les pays de gros ou d'augmentation. Son origine remonte à un édit de 1534 qui, pour prévenir les abus et les fraudes auxquels donnait lieu la ferme du sol pour livre, avait attribué aux commis du fermier pouvoir de se transporter dans toutes les caves, pressoirs et celliers des laboureurs et possesseurs d'héritage. Les plaintes contre ce régime y furent excessivement vives et permettent d'expliquer l'antipathie unanime que trouva la loi de 1804 rétablissant l'inventaire.

Le Ministre des Finances s'exprimait ainsi à son sujet,

en présentant au Corps législatif le projet de décret du 25 Novembre 1808 : « Le droit d'inventaire produisait environ 14 millions ; mais outre les formalités que sa perception entraînait, il avait un autre inconvénient ; lorsqu'à l'époque des récolements il fallait le recouvrer sur les propriétaires qui avaient des boissons manquantes, la plupart d'entre eux n'avaient pas eu la prévoyance de réserver de quoi l'acquitter. Il fallait alors prendre contre eux la voie des contraintes et les frais qu'elles nécessitaient rendaient la perception plus odieuse, sans la rendre plus utile au Trésor » et en 1832, en présentant un projet de loi relatif à l'amélioration des droits de perception sur les boissons, M. Meynard condamnait en ces termes le régime que nous étudions : « L'inventaire réunit un grand nombre de partisans ; et en effet il a une apparence d'équité qui séduit au premier coup d'œil mais qui disparait devant un examen plus approfondi, car il changerait la nature de l'impôt qui deviendrait impôt direct, puisque tout droit imposé à la production entre les mains du producteur atteint réellement la propriété. Il aurait pour première conséquence le maintien du personnel entier de l'administration actuelle ; il exigerait même au moment de la récolte une augmentation d'employés. Et comment soumettre à l'action du fisc, non-seulement deux millions de propriétaires, mais aussi leurs voisins ? Si l'exercice est odieux chez 290,000 habitants, comment ne le serait-il pas davantage chez tant de producteurs ? L'inventaire serait surtout préjudiciable aux propriétaires de vins fins, en mettant en évidence la quantité qu'ils auraient en leur possession. On ne ferait donc qu'alléger le commerce pour aggraver la propriété ; le mode de l'inventaire ne satisfairait personne ; son impossibilité se joint aux autres inconvénients. »

C'est ce qui a fait dire à M. Béchard en 1850 : « L'inventaire est célèbre par le mal qu'il a fait dans tous les pays vinicoles et la recherche chez le propriétaire est ce que nous redoutons le plus au monde ». Triste célébrité qui a amené son abandon !

La commission de 1830 devait donc renoncer à établir la Taxe Unique sur le producteur par le moyen de l'inventaire. Ne pouvait-elle pas cependant supprimer l'exercice chez le débitant et toutes les autres formalités à la circulation, à l'entrée, en adoptant un autre mode de perception tout en gardant la même base ? Deux moyens se présentaient à elle : elle pouvait asseoir l'assiette de l'impôt soit sur le sol, soit sur l'évaluation des quantités récoltées.

Ce dernier système se rapproche beaucoup de l'inventaire ; il frapperait toujours le produit entre les mains du producteur, mais n'entraînerait aucune des mesures vexatoires que comportent l'inventaire, le récolement et les visites domiciliaires. On se serait contenté en effet de la déclaration du propriétaire contrôlée par tels moyens que l'Administration aurait jugés bons, notamment avec le concours des autorités locales.

C'est le système Allemand. Les autorités locales sont en effet bien placées pour apprécier la récolte de chacun et par suite pour répartir l'impôt : « Elles interviennent bien, a-t-on dit, en matière de contributions directes, pourquoi ne rempliraient-elles pas la même tâche en ce qui concerne les contributions indirectes ? Il ne s'agit toujours que de répartition. »

Etudiée en 1830, mais surtout lors de l'enquête de 1850, cette combinaison rencontra de chaudes adhésions. Néanmoins elle fut finalement repoussée à la suite de considérations très importantes. Son résultat est toujours en effet de faire passer sur le producteur toute la charge de l'impôt. Sans doute ce propriétaire aurait bien su lors de ses ventes, réclamer le remboursement de ses avances, mais la difficulté est de déterminer le montant de l'impôt à payer par chacun de « ces contribuables » sans le soumettre à aucune surveillance. Qui pourrait dire que l'impôt réparti par les autorités locales, le serait équitablement. Si elles partagent avec assez de justice, l'impôt direct dont le montant fixé d'avance pour la Commune n'est pas susceptible de réduction, en serait-il de même pour l'impôt indirect établi sur cette base ? N'aurait-on pas risqué de voir les répartiteurs atténuer leurs appréciations dont ils seraient les premiers à profiter ? La détermination par avance de la somme à payer par chaque Commune ne pouvait par contre exister pour un produit aussi variable que celui de la vigne. Un tel système aurait donc risqué de compromettre le plus important des revenus de l'Etat, l'impôt des boissons et aurait même soulevé les plus vives contestations.

Restait le dernier système : la « Taxe Unique » établie sur le propriétaire, portant, non plus sur les récoltes, mais sur la vigne elle-même ou sur le sol vignoble. Une telle idée ne pouvait être bien sérieusement soutenue. On se demande en effet ce qu'aurait dit la population vinicole en se voyant atteinte, par exception, d'un impôt dont le total serait deux ou trois fois plus élevé que la foncière du département, et chaque rôle beaucoup plus considérable que celui du sol de la vigne elle-même : elle aurait dit avec raison que l'on avait voulu dégrever une partie de la France aux dépens de l'autre : résultat dont l'idée ne pouvait même entrer en discussion. Le défaut de cette combinaison eût été en effet de transformer en impôt direct un impôt indirect et de consommation et de faire double emploi avec la contribution foncière dont on aurait détruit l'économie.

Au reste, une taxe uniforme ayant une telle base n'est guère possible, attendu qu'il s'agit d'un produit dont la quantité varie du simple au décuple et la qualité du simple au centuple. Il aurait fallu en toute justice établir une échelle « d'imposition » pour proportionner le droit à la valeur réelle du crû.

Quant à établir l'impôt indirect sur la souche, l'idée n'était pas plus réalisable. C'eût été un travail gigantesque que le recensement des pieds de vignes, des espaliers et des sillons et comment encore eût-on assuré la proportion de la taxe avec le rendement ? On eût ainsi ruiné cette branche si importante de notre commerce : « C'est en pratiquant l'impôt par pied d'arbre, fait remarquer M. Pascal Duprat, que les Turcs sont parvenus à transformer en arides déserts les contrées autrefois si prospères de la Syrie. »

Telles sont les raisons qui ont amené la commission d'enquête de 1830 à repousser tout système de taxe unique basée sur le producteur. Les diverses combinaisons que nous avons envisagées n'ont pas eu du reste plus de succès en 1850 et 1880. Elles sont en effet contraire à l'esprit du législateur, qui en établissant l'impôt des boissons a entendu frapper les opérations commerciales.

Dans son Système Financier de la France le Marquis d'Audiffret disait : « L'Administration doit se proposer un système de perception pour les boissons qui ne fasse jamais retomber sur le producteur, déjà frappé de l'inévitable contribution foncière, la charge facultative de celui qui se soumet volontairement à l'action du tarif par le choix de ces boissons. Cette action ne saurait utilement commencer que lorsque le propriétaire se dessaisit des fruits de sa récolte ; il faut encore qu'elle soit habilement exercée pour ne pas entraver ni ralentir l'écoulement de cette marchandise et pour ne pas en grever le prix par une fiscalité trop exigeante qui en avilierait la valeur vénale jusque dans les celliers des cultivateurs. »

L'intérêt du pays demandait en effet de favoriser cette classe intéressante de travailleurs : Tous les systèmes que nous avons passés en revue seraient allés contre ce but. Aussi M. Desmirail les condamnait-il d'un mot en 1850 : « C'est le travail et l'industrie de l'homme que vous atteindriez », et il ajoutait : « Je soutiens qu'il ne faut pas imposer au propriétaire de vignes des conditions plus onéreuses qu'aux autres propriétaires ; quand il a acquitté son impôt foncier il faut qu'il puisse disposer en toute liberté des produits du sol que son industrie et ses labeurs ont obtenus. C'est nécessité et justice ». C'était en effet de toute équité de ne pas entraver l'agriculture dans une de ses formes si importante : la culture de la vigne. Il eût été préjudiciable à tout le monde de méconnaître ce mot de Sully : « La France devrait être le premier pays agricole du monde. Ce'ui qui saura ouvrir ce sillon, trouvera là les mines d'Amérique. » On auroit en effet contribué à le fermer!

Remarquons que ces divers moyens d'établir la taxe unique à l'origine ne se comprennent pas seulement pour le vin ; ils auraient pu s'appliquer à toutes les autres boissons dont nous nous occupons : cidre, etc. On aurait toujours frappé le producteur, comme il est frappé actuellement pour la bière qui est taxée à l'origine, lors de la fabrication.

La taxe unique sur le propriétaire récoltant étant repoussée, la Commission devait chercher une autre base à cette combinaison destinée à supprimer l'exercice. La perception au *déplacement* était tout indiquée à ses études.

Ce système aurait eu pour effet d'éviter au producteur l'inventaire, l'évaluation des produits. la déclaration ; au commerçant le recencement et l'exercice. Il aurait consisté à exiger l'acquittement du droit au moment de l'enlèvement, ou tout au moins à mettre l'expéditeur en débet de la somme représentant le paiement du droit, toutes garanties de paiement étant acquises au Trésor.

Ce moyen d'établir « la taxe unique » aurait pu, à première vue, paraître remplir toutes les conditions désirables : tous les intérêts eussent été respectés et la surveillance des agents de la Régie eut été réduite à la dernière limite. Mais la liberté eût été précisément trop grande et eût même gravement compromis les intérêts du Trésor. La grande difficulté de cette combinaison résidait dans la découverte des moyens propres à donner les garanties nécessaires. Nous avons vu en effet que le législateur a repoussé toute surveillance de la Régie sur le producteur ; il en aurait été de même pour le marchand. D'où cette conséquence : c'est que, si un tel système eut été adopté, il eût fallu renforcer l'appareil des formalités à la circulation, ajouter aux moyens d'action administrative, augmenter le nombre et les attributions des préposés, au lieu de l'améliorer.

M. Bocher, dans son rapport, a bien montré les dangers d'un tel régime : « On se plaint beaucoup, disait-il, de la rigueur des condittons imposées par la loi à la circulation des boissons, des déclarations qu'elle exige à l'enlèvement, de la surveillance qu'elle ordonne sur le transport : mais ces conditions seraient bien plus rigoureuses, cette surveillance serait bien plus active, si, au lieu d'être une sûreté partielle de l'impôt, elles en étaient l'unique garantie. Sous le régime de la perception multiple quand la marchandise échappe à un droit, un autre peut la saisir ; si elle s'est dérobée au départ à l'action de la Régie il faut, avant d'arriver à destination qu'elle réussisse encore à s'y soustraire sur la route qu'elle parcourt, à l'entrée de la ville où elle doit s'arrêter ou qu'elle est obligée de traverser, à la porte du particulier ou dans la cave du débitant auquel elle est expédiée. Sous le régime de la Taxe Unique au déplacement, si la vigilance du service est un moment en défaut, la denrée s'échappe et la contribution tout entière est perdue. Et non seulement le contribuable a dans ce système plus de facilité à pratiquer la fraude, mais il a aussi plus d'intérêt à la tenter, puisque la prime se compose alors, non plus d'une faible partie de l'impôt, mais de sa totalité.»

Nous devons dire qu'en 1817 une expérience partielle de cette combinaison avait été faite; on avait essayé, non pas de confondre, mais de rapprocher seulement les deux droits de circulation et de détail, le droit d'entrée étant maintenu indépendant ; mais quelques années après, les plaintes étaient devenues si pressantes surtout de la part des pays producteurs, que l'on fut obligé de revenir sur la mesure. La commission de 1830 ne voulut pas davantage de cette combinaison qui. n'assurait pas la sécurité du recouvrement d'une manière assez complète. Il lui eût fallu aggraver les formalités à la circulation qui déjà, quoique bien modérées, avaient soulevé des plaintes assez vives : on ne pouvait guère agir ainsi en cette époque de troubles et de violences contre les Employés de l'Administration qui suivit la Révolution de 1830.

Mais pourquoi la Taxe Unique n'aurait-elle pas été perçue aux *entrées* ?

De tous les modes de perception, c'était en effet celui qui pouvait le mieux répondre aux vues du législateur : dans la pratique. il était le plus facile, le moins coûteux à établir.

Ces avantages devaient attirer l'attention de la commission d'enquête et nous verrons que c'est à cette combinaison, mais limitée, que s'est arrêtée la loi du 21 Avril 1832. La surveillance et le recouvrement eussent été confiées aux agents déjà chargés du service des Octrois Municipaux et le droit une fois acquitté au passage la circulation des boissons eut été libre au dedans comme au dehors. Mais un pareil système était irréalisable par une seule raison : c'est qu'il eut été inique ne pouvant être appliqué en tous lieux. Il eut été en effet impossible d'imposer aux moindres localités, aux plus petits villages, l'obligation de lever les barrières à leur entrée, de créer des Octrois : les revenus perçus eussent à peine couvert les frais de perception. D'un autre côté, nous verrons dans la suite qu'on ne pouvait songer à faire percevoir « ce droit unique » par les recettes buralistes établies dans le centre ; l'effort de la fraude aurait été bien favorisé par une telle mesure et il eut été d'autant plus actif que la Taxe Unique au profit du Trésor, cumulée avec celle de l'Octroi, aurait formé une somme plus importante à éluder.

Ce régime aurait ainsi séparé en deux parties toute la

population du pays demandant à la première la totalité de l'impôt et rien à la seconde habitant dans les campagnes. C'est cette grave critique que M. Meynard exposait en 1832 au Parlement : « La perception du droit aux entrées, disait-il, tendrait à exonérer complètement la campagne et à surcharger les villes où la population laborieuse et pauvre est déjà si misérable à cause des charges de toutes natures qui l'accablent ; il établirait une répartition inique, ferait disparaître l'égalité à laquelle la loi doit soumettre tous les citoyens et à ce titre il ne saurait soutenir la discussion ».

Loin de calmer les plaintes, un tel système n'eut fait que les multiplier. Aussi a-t-il été repoussé par la Commission de 1830 en tant que mode de perception devant s'appliquer d'une manière générale à tout le territoire. La même opinion a été émise lors de l'enquête de 1850 et ce système a été rejeté à la majorité de douze voix contre deux.

C'est ainsi que le législateur a été amené, après avoir renoncé à admettre les modes de « Taxe Unique » que nous venons d'envisager, à adopter un régime mixte, maintenant d'un côté l'exercice pour les campagnes et les villes moins importantes et par suite l'ancienne distinction entre la vente en gros et la vente en détail, le remplaçant de l'autre dans les centres les plus populeux par le paiement des droits entre les mains des receveurs des octrois municipaux. Cette réforme partielle va faire l'objet de notre étude.

ÉTUDE DU SYSTÈME ADOPTÉ

1° Notions historiques.
Des boissons auxquelles s'applique la Taxe
Unique et des droits qu'elle comprend.

La Commission d'enquête nommée en 1830 pour étudier la réforme de l'impôt devait s'inspirer d'un double but : d'un côté elle devait assurer le changement, transformer l'impôt sans en diminuer le rendement, d'un autre côté elle devait chercher un régime satisfaisant à des intérêts bien opposés, et capable de calmer l'agitation dont l'activité était entretenue par la presse, la tribune, les associations.

M. Meynard, en exposant les motifs du projet de Taxe Unique déposé par lui, faisait connaître la nécessité de cette réforme : « Le vœu de la suppression totale de cet impôt (boissons), disait-il, a été émis plus d'une fois dans les nombreuses pétitions qui vous ont été adressées à ce sujet. Je ne partage pas cette opinion : la cause du mal n'est pas dans l'existence de l'impôt, mais dans le mode vicieux employé pour sa perception. Ce n'est donc pas l'impôt en lui-même que j'attaque, j'en reconnais au contraire la nécessité, c'est la perception. Je veux répondre au vœu de notre Ministre des Finances qui disait : « Nos contributions indirectes ne sont pas définitivement assises ; elles offrent des frais de perception trop élevés, par rapport à l'état actuel des produits ; elles devront être plus tard l'objet de nos plus sincères méditations ». J'entends ainsi mettre un terme au mécontentement produit par cet impôt qui, tous les jours soulève de nouvelles résistances, dont tous les Gouvernements qui se sont succédés depuis 20 ans avaient promis l'abolition : promesse vaine dont l'oubli n'a pas peu contribué à amener toutes les catastrophes dont nous avons été témoins. Aujourd'hui je ne viens pas réclamer contre la suppression totale dont on s'était servi comme d'un appât pour s'attacher la multitude ; je ne sollicite que quelques modifications dont l'expérience a démontré la nécessité ».

C'est la loi du 21 avril 1832 qui a réalisé cette réforme : L'article 35 dit : « Dans les villes ayant une population de 4,000 âmes et au-dessus, et sur le vœu émis par le Conseil Municipal les exercices seront supprimés, moyennant que le droit de circulation, d'entrée et de détail sur les vins, cidres, poirés et hydromels, ainsi que celui de licence des débitants, soient convertis en une taxe unique aux entrées. »

Ce n'est cependant pas cette loi qui a émis pour la première fois l'idée de remplacer l'exercice par une taxe unique perçue aux entrées. Déjà nous l'avons trouvée dans le décret du 27 décembre 1814 : « Dans les villes murées ou

reconnues fermées, sur la demande du Conseil Municipal, les exercices chez les débitants pourront être supprimés, ainsi que le paiement du droit à la circulation
pour les transports opérés dans l'intérieur, moyennant la
perception aux portes, en remplacement du droit de vente
en détail, d'une taxe additionnelle aux droits d'entrée,
laquelle sera calculée de manière à assurer au trésor l'équivalent du droit remplacé ».

C'était la première concession faite par le Gouvernement nouveau. Mais les circonstances ne permirent
pas de mettre le principe à l'épreuve, car, dès son
retour de l'Ile d'Elbe, l'Empereur, se croyant obligé à
des concessions encore plus grandes, rendit un décret
qui bouleversait l'impôt, modifiant complètement son
assiette et supprimant les exercices partout, dans les
campagnes comme dans les villes fermées. La loi de 1816
qui abrogea ce décret ne parle plus de cette taxe unique
facultative aux entrées. Ce n'est que dans la loi du 12
octobre 1830, venant après les graves agitations de la Révolution, qu'apparait à nouveau cette disposition ; cette loi
ajouta en effet aux divers modes de remplacement du droit
de détail, déjà établis par les lois antérieures (abonnement individuel, collectif, à l'hectolitre, par commune), la
faculté attribuée aux Conseils Municipaux de le convertir
en une taxe additionnelle au droit d'entrée.

La loi de 1832 alla plus loin : non seulement elle règlementa la taxe unique, mais elle l'augmenta. Ce ne fut plus
seulement le droit de détail et les exercices qui en sont la

conséquence que les Conseils Municipaux furent autorisés à remplacer par une addition au droit d'entrée, mais l'ensemble de toutes les taxes, c'est-à-dire d'entrée, de circulation, de licence sur les vins et cidres. Nous verrons que des lois nouvelles sont venues modifier cette loi fondamentale ; nous verrons que les concessions qu'elles ont consenties sont beaucoup moins importantes que celles octroyées par la loi de 1832, qui fût une loi votée à la suite de pressions violentes et des vives agitations qui suivirent la Révolution de 1830.

Boissons frappées par la taxe unique

La taxe unique frappe-t-elle toutes les boissons quelles qu'elles soient, spiritueuses et hygiéniques ? Le législateur ne l'a t-il pas limitée à une de ces deux catégories ? Cette question ne peut laisser aucun doute, car la loi a bien précisé les espèces de boissons comprises dans la nouvelle combinaison. Elle dit formellement que la taxe unique ne s'applique qu'aux vins, cidres, poirés et hydromels. On a désigné ces différentes boissons sous le nom de boissons hygiéniques. Remarquons toutefois que la bière qui entre dans cette catégorie reste complètement en dehors de la taxe unique. L'impôt sur la bière a toujours été un impôt spécial, perçu à la fabrication. C'est donc improprement que l'on s'est servi quelquefois des mots « Taxe Unique », pour désigner la perception du droit d'entrée et de consommation sur les spiritueux ; à parler exactement, il n'y a jamais eu de taxe unique sur cette espèce de boisson, puisque l'article 41 de la loi du 21 avril 1832 et l'article 18 de la loi du 25 juin 1841 disposent que le droit de consommation continuera à être perçu en même temps que le droit d'entrée, ce qui prouve qu'il n'y a jamais eu, dans la pensée du législateur, confusion des deux droits.

L'article 41 dit formellement : « Dans les villes qui seront soumises à la Taxe Unique pour les vins, cidres, poirés et hydromels, le droit général de consommation imposé sur les eaux-de-vie, esprits, liqueurs et fruits à l'eau-de-vie, sera perçu à l'entrée lorsque le destinataire ne jouira pas de l'entrepôt ». L'article 18 de la loi du 25 juin 1841 dit : « en même temps que le droit d'entrée ». Mais pourquoi le législateur n'a-t-il pas compris le droit de consommation dans la Taxe Unique, pourquoi distinguer suivant qu'il s'agit de boissons hygiéniques ou de boissons spiritueuses ? Uniquement parce que l'alcool a toujours été frappé d'un droit spécial. Perçu d'abord sous la forme du droit de détail, puis (les débitants étant parvenus au moyen de fausses destinations et de recels, à soustraire à l'impôt une grande partie des eaux-de-vie qu'ils vendaient) sous la forme d'un droit perçu au départ ou à l'arrivée, ce droit sur l'alcool a toujours été un droit distinct de ceux frappant les boissons hygiéniques. Le législateur ne pouvait méconnaître cette distinction et comprendre le droit de consommation dans la nouvelle combinaison. C'eut été en effet faire porter du même coup sur l'alcool tous les autres droits qu'aurait compris la

Taxe Unique : droit de circulation, de licence et de détail sous la loi de 1832, après la loi de 1841 droit de détail. Le droit sur l'alcool eut été ainsi accru, dans des proportions absolument inexplicables puisque l'alcool eut été frappé de deux droits similaires sous des noms différents. Disons qu'il en aurait été de même pour les boissons hygiéniques et qu'il eût résulté pour elles une grave augmentation d'impôt d'une telle combinaison. Tel n'était pas l'esprit du législateur de 1832 qui a voulu simplement transformer le mode de perception, mais sans aggraver l'impôt.

Le droit de consommation reste donc complètement étranger à la Taxe Unique, qui n'est depuis la loi de 1841 que la réunion des droits de détail et d'entrée. Mais le législateur ne pouvait cependant, sans faire une réforme bien incomplète et par suite bien inutile, maintenir l'exercice pour la vente des alcools. D'où la disposition de l'article 41 plus haut cité.

En résumé, il serait faux de dire que la Taxe Unique comprend le droit de consommation ; si le législateur en a prescrit le paiement à l'arrivée dans les villes rédimées, c'est pour pouvoir unifier la perception du droit et par suite écarter complètement le sujet des plaintes des débitants de boissons, l'exercice.

Droits que comprend la Taxe Unique.

Les boissons hygiéniques, vins et assimilés, sont soumis à trois droits distincts, au moins, dans les villes de 4000 âmes :

1° Le droit d'entrée (perçu seulement dans les villes de 4000 âmes) ;

1° Le droit de circulation ;

3° Le droit de détail.

Il nous faut ajouter que tous les débitants de boissons sont soumis à la licence, par le fait seul de leur profession. Quels sont ceux de ces droits qui sont compris dans la taxe unique ? Cette recherche nous permettra d'examiner les raisons qui ont amené le législateur à modifier la loi primitive de 1832, et à écarter définitivement de ce mode de perception deux de ces droits.

Le droit de détail a toujours figuré dans la taxe unique dont il est la raison d'être. Nous savons déjà que c'est à la suite des critiques dirigées contre l'exercice, rendu nécessaire, par suite de la distinction que nous trouvons depuis les temps les plus reculés (le droit de détail est en effet un dérivé du quart établi par l'ordonnance de 1374) dans notre régime fiscal entre la vente en gros et la vente en détail, pour sauvegarder les intérêts du Trésor, connaître les ventes, en constater les mouvements et les résultats, empêcher surtout les débits clandestins, les recels et les remplacements à l'aide d'introductions fraudu-

leuses, interdire et surveiller les mouillages et les dédou-
blements, que la loi de 1832 règlementa pour les villes de
4000 âmes et au-dessus, cette combinaison dont le principe
avait été posé en 1814 et reproduit en 1830. Supprimer
l'exercice, tel était le but primordial du législateur, et il ne
pouvait le réaliser qu'en supprimant le droit de détail qui
nécessitait cette surveillance étroite et ces moyens d'action
efficaces. Aussi n'a-t-il jamais été question de ce droit dans
les lois de 1841 et de 1875 qui ont révisé les dispositions
de 1832.

La taxe unique a de même toujours compris le droit
d'entrée créé par l'article 18 de la loi du 25 novembre 1808
en remplacement des droits d'inventaire et de vente en gros
afin de compenser la diminution des recettes. Tour à tour
élevé et abaissé, étendu et restreint, il n'est plus perçu aujourd'hui que dans les villes de 4000 âmes et au-dessus
Son tarif est établi sur la double base de la population et de
la classe du département. La loi de 1832 a adopté ce même
cadre pour la perception de la Taxe Unique.

La Taxe Unique comprend donc toujours le droit de détail et le droit d'entrée. Mais il n'en est plus de même du
droit de circulation et si à l'origine, sous l'empire de la loi
de 1832, il a pu être compris dans la taxe, il en fut bientôt
exclu ; nous verrons que les raisons données étaient des
plus importantes. puisque la fraude était devenue si facile
que les droits de l'État étaient gravement compromis. Eta-
bli par la loi du 25 novembre 1808 sous la dénomination de
« droit de mouvement », il fut, après avoir été aboli par le

décret du 8 novembre 1815, à nouveau rétabli par la loi du 28 avril 1816 dont les dispositions quelque peu modifiées par les lois suivantes, sont encore en vigueur. Il forme la base de l'impôt sur les boissons ; il prend la matière imposable au sortir des magasins du producteur, il l'accompagne dans tous ses mouvements et la suit à l'entrée des villes chez le commerçant et chez le simple particulier. S'appliquant d'abord à toutes les boissons, quelle que soit leur nature, vins et alcools, il ne s'applique plus depuis la loi du 24 juin 1824 qu'aux boissons hygiéniques. Le droit de circulation sur les alcools a été en effet converti en un droit de consommation. Le législateur de 1832 devait-il permettre aux communes de comprendre ce droit si important dans la Taxe Unique ou au contraire dans l intérêt du trésor devait-il l'exclure ? Il a suivi l'idée émise par l'article 81 de la loi du 8 décembre 1814 et il n'a fait que calquer en quelque sorte cet article, en règlementant la taxe unique pour son établissement, sa perception et la fixation de son tarif. Or cet article disait : « Dans les villes murées... les exercices chez les débitants de boissons pourront être **supprimés**, ainsi que le paiement du droit à la circulation pour les transports opérés dans l'intérieur, moyennant la perception aux portes, etc... »

La loi de 1832 a reproduit cette disposition dans son article 35 : « Dans les villes ayant une population agglomérée de 4000 âmes et au-dessus et sur le vœu émis par le Conseil Municipal, les exercices seront supprimés moyennant que le droit d'entrée, de circulation et de détail sur les vins, cidres, poirés et hydromels, soient convertis en une taxe unique aux entrées. » Remarquons toutefois que les Conseils Municipaux convoqués pour délibérer sur l'établissement de la taxe pouvaient ou accepter la Taxe Unique comprenant ainsi tous les droits ou en exclure le droit de circulation et de licence. Le législateur n'avait pas entendu poser une obligation en ce qui concerne ces deux derniers droits et il laissait sur ce point aux Municipalités la liberté la plus absolue. Aussi l'Administration s'exprimait-elle ainsi dans une circulaire n° 44, du 22 mai 1832 : « Le troisième paragraphe de l'article 35, laisse aux Conseils Municipaux la faculté de ne pas comprendre le droit de circulation dans ceux dont ils votent le remplacement; il est de l'intérêt des communes de profiter de cette disposition qui leur conserve d'utiles moyens de garantir les produits de l'octroi, que la cessation complète de la surveillance à la circulation ne pourrait que gravement compromettre et sans laquelle d'ailleurs, les propriétaires récoltants seraient entièrement privés du bénéfice de la franchise dont ils jouissent présentement pour les boissons qu'ils font transporter de chez eux chez eux. Il est utile de bien faire sentir les diverses conséquences de la loi aux Conseils Municipaux. » L'Administration avait ainsi prévu les inconvénients très graves qu'il y avait pour les communes à comprendre le droit de circulation dans la taxe unique et elle les invitait, dans leur intérêt même, à le mettre en dehors, à lui conserver son caractère distinct. Mais ce n'était pas le seul intérêt en jeu; l'intérêt de l'Etat pouvait être aussi gravement compromis par cette disposition de la loi de 1832. Le droit de circulation est en effet la clef de voûte de tout le système fiscal des boissons ; il assure la perception des autres droits y compris l'octroi ; si donc l'on considère combien la fraude est habile malgré le nombre et la puissance des armes mises à la disposition de l'Administration, il est facile de comprendre la fraude considérable qui eut résulté de cette imperfection de la loi de 1832. Le droit de circulation étant compris dans la taxe unique, ce droit une fois payé la circulation des boissons aurait été entièrement libre dans l'intérieur de la ville. Que fût-il résulté de cette liberté ? Une fraude énorme, encouragée par une facilité extraordinaire : « La plupart des villes en effet et surtout des faubourgs qui en dépendent, dit M. Bocher, sont ouverts et aisément accessibles ; il suffit d'amener des boissons dans le voisinage des entrées, puis de leur faire franchir furtivement le rayon assujetti pour les rendre ensuite insaisissables et les soustraire au droit. » Ces quelques lignes montrent fort bien le danger que prévoyait la circulaire citée plus haut : pour véritablement sauvegarder les intérêts du trésor et de l'octroi, pour arriver à écarter la fraude, il eut fallu établir autour de toutes ces villes une véritable enceinte, comme celle qui entoure Paris, afin que les boissons ne pussent pénétrer dans la ville sans passer par un défilé bien gardé. Or, combien de villes pouvaient se trouver dans une telle situation ? Très peu évidemment. La plupart étaient, comme de nos jours, fermées fictivement par des bureaux disséminés aux entrées principales mais la fraude n'aurait certes pas choisi ces passages qu'il lui eût été si facile d'éviter. D'autre part on ne pouvait songer à imposer aux communes l'obligation de faire garder toutes les issues et de créer un service de surveillance assez important pour maintenir la fraude. C'eût été mettre à leur charge des frais bien peu en rapport avec leurs revenus souvent minimes. Il était donc nécessaire que le législateur intervienne à nouveau pour remédier aux graves abus qu'avait fait naître cette faculté de la loi de 1832 : la réforme fut faite par la loi du 25 juin 1841.

Le rapporteur Rivet expliqua l'urgence de la modification, en prenant pour exemple les villes qui avaient usé de la faculté de disjonction accordée aux Conseils Municipaux : « Les villes les plus peuplées, disait-il, celles où la perception devait naturellement rencontrer le plus d'obstacles, ont senti bientôt elles-mêmes, qu'en comprenant le droit de circulation dans la Taxe Unique, elles s'ôtaient le contrôle le plus actif, le plus praticable d'ailleurs, sur les quantités qui échappaient à l'octroi. Bordeaux, Lyon, Caen, Bourges, Toulouse, Nantes, Lille, Rouen, les villes où les intérêts municipaux sont représentés avec une grande énergie, ont renoncé à affranchir le droit de circulation. On comprend en effet que dès que la circulation est libre dans l'intérieur des villes, que les conducteurs n'ont aucune justification à produire, il suffit de franchir la barrière pour qu'on soit à l'abri de toute recherche et que la fraude soit consommée. D'un autre côté, l'absence du droit de circulation empêche que les agents de l'Administration ne soient informés de l'enlèvement des boissons des magasins ou entrepôts ».

Ces raisons clairement présentées par le rapporteur de la loi de 1841 furent cependant vivement combattues par M. Crouseau, qui s'exprimait ainsi : « La loi actuelle autorise à comprendre dans la taxe unique le droit de circulation ; pourquoi, dans l'intérêt de la surveillance administrative, supprimer cette faculté ? Pourquoi mettre un nouvel obstacle à la consommation des boissons, lorsque déjà elle en rencontre un si grand nombre dans la législation actuelle ? Il faut que les exigences de l'Administration s'arrêtent devant les besoins du producteur, car la difficulté que le droit de circulation porte à la consommation, nuit en définitive au producteur ». Mais ces arguments ne prévalurent pas, et le législateur comprit la nécessité de faire disparaître l'abus signalé ou au moins de l'atténuer, ce que devait permettre la séparation du droit de circulation et le maintien de ses formalités à l'intérieur des villes soumises au régime de la Taxe Unique : il comprit que ses devanciers, poussés par la surexcitation des esprits, étaient allés trop loin et que, sous prétexte de calmer les plaintes et de faciliter le commerce le plus important en lui donnant entière liberté, ils avaient gravement compromis à la fois les intérêts du Trésor et des communes ayant usé de la faculté donnée par l'article 35. Aussi la disposition nouvelle trouva-t-elle en sa faveur la presque totalité des membres du Parlement. C'est l'article 18 de la loi du 25 juin 1841 qui contient cette réforme : « A partir de 1842, la taxe unique à l'entrée des villes, dont les Conseils municipaux sont autorisés à voter l'établissement

4

par l'article 35 de la loi du 21 avril 1832, ne remplacera plus que les droits d'entrée et de détail sur les vins, cidres, poirés et hydromels. La perception du droit de circulation, ainsi que les formalités à la circulation des boissons de toute espèce seront maintenues dans les dites villes, comme dans les autres parties du royaume ». Toute différence sur ce point entre les villes et les campagnes disparaissait par suite de cette nouvelle disposition.

Ainsi le passage de l'octroi ne devait plus dispenser le conducteur de représenter le titre établissant l'identité de la marchandise expédiée et le débitant ne pouvait plus se refuser à produire les expéditions et pièces justificatives de l'acquit des droits pour les boissons en sa possession, pourvu que les employés se soient entourés des formalités de l'article 237 de la loi du 28 avril 1816. La loi en effet ne déclare pas seulement le voiturier responsable de l'omission des formalités à la circulation, elle fait peser la même responsabilité aussi bien sur le vendeur que sur l'acheteur, d'où il suit que le débitant, chez qui les boissons sont transportées et introduites, devient responsable de l'irrégularité ou de l'absence des pièces destinées à constater le paiement des droits et les divers mouvements de la marchandise imposée. C'est ce qu'a déclaré un arrêt de la Cour de Cassation du 18 décembre 1874, affaire Bultey : « Attendu, dit cet arrêt, que, s'il est vrai que la ville de Rouen est une ville rédimée, la substitution de la Taxe Unique au droit d'entrée et de détail ne dispense pas les habitants du paiement de la taxe, ni surtout de l'observation des règles prescrites pour la circulation des boissons, règles dont, aux termes de l'article 18 de la loi du 25 juin 1841, il n'est plus permis aux Conseils municipaux d'affranchir les débitants. Attendu que la série des formalités relatives à la circulation des boissons prescrites par la loi du 28 avril 1816, depuis l'article 1er jusqu'à l'art. 19, a été combinée dans le but d'assurer, à tous les moments, la surveillance des employés et de garantir les intérêts du trésor contre les entreprises de la fraude ; qu'il résulte notamment de l'article 6 de la dite loi que l'observation de ces formalités est imposée aussi bien au vendeur qu'à l'acheteur, d'où il suit que le débitant chez qui les boissons sont introduites, est responsable de la non observation des règles à la circulation ; que si l'article 17 de la loi du 28 avril 1816 s'applique spécialement aux voituriers et conducteurs comme aux principaux agents de la circulation, il n'en faut pas conclure qu'eux seuls peuvent être pénalement responsables de l'omission des formalités relatives au mouvement des boissons ; que cette responsabilité incombe à tous les intermédiaires qui se trouvent détenteurs de la marchandise circulant en fraude soit au point de départ, soit au point d'arrivée etc., etc. ; pour ces motifs déclare le S. Bultey responsable des fraudes consistant dans la violation des règles sur la circulation des boissons, pour ces motifs rejette, etc. » Nous avons tenu à reproduire les principales dispositions de cet arrêt qui est venu régler l'application de l'article 18 de la loi de 1841. La loi de 1875 n'a rien modifié à la réforme opérée : elle a tacitement admis la même règle dans son article 1ᵉʳ : « Et les droits d'entrée et de détail sur les vins, cidres, poirés et hydromels » maintenant ainsi sa distinction au droit de circulation. Reconnaissons que cette nouvelle règle constituerait une modification des plus utiles aux villes comme au trésor, dont la fraude seule avait à souffrir.

Ce n'est pas là la seule modification portée par la loi de 1841 à celle de 1832. Les Commerçants de boissons sont en effet assujettis à un droit inhérent à leur profession, le droit de licence : la loi de 1832 avait autorisé les Conseils Municipaux à comprendre ce droit dans la Taxe Unique. Une telle faculté était, il faut bien le dire, beaucoup moins compréhensible que celle donnée par la même loi pour le droit de circulation. Le droit de circulation est en effet un droit général : le droit de licence est au contraire un droit spécial, un droit d'ouverture de compte ; il a pour effet de donner à celui qui l'acquitte l'autorisation de se livrer à un commerce soumis par la loi à une déclaration préalable. Or quel était le résultat de la Taxe Unique comprenant ce droit ? C'était de répartir ce droit de licence sur tous les habitants des villes soumises à ce régime, de faire supporter à tous le coût de l'autorisation nécessaire pour ouvrir débit. Une telle conséquence était profondément injuste, puisqu'elle imposait à la population entière de ces villes une dépense qui devait profiter aux seuls débitants de boissons. Aussi la loi de 1841 a-t-elle dit formellement qu'à l'avenir la Taxe Unique ne pourrait pas plus comprendre le droit de licence que le droit de circulation, voulant garder à ce droit son caractère propre qui est de frapper le commerce et lui seul. Voici comment se prononçait à ce sujet, le rapporteur de la loi de 1841, M. Rivet: « Quant au droit de licence, il n'y a pas de motif sérieux pour faire supporter à la masse des habitants un droit que les débitants seuls doivent acquitter. » Non seulement, à notre sens, il n'y avait pas de motif sérieux. mais il était insoutenable de faire ainsi payer par tous, au profit d'une minorité, l'autorisation de vendre des boissons.

La Taxe Unique primitive, c'est-à-dire, telle qu'elle fût appliquée facultativement sous le régime de la loi de 1832, jusqu'à 1841, dans les villes qui jugèrent à propos de l'adopter, n'était, à vrai dire, autre chose que la taxe de « remplacement » perçue aux barrières de Paris : « Cette taxe, a dit M. Pascal Duprat, a pris son nouveau nom lorsque la Taxe Unique fut combinée avec le droit de circulation rendu indépendant. » De tous temps en effet Paris a été placé sous un régime exceptionnel. L'ancienne législation des aides, malgré les moyens énergiques dont elle disposait, malgré l'appui que lui prêtait une pénalité rigoureuse, avait renoncé à suivre et à exercer le nombre considérable de marchands faisant le commerce en gros et en détail dans une ville aussi étendue : et après avoir réuni, en 1719, le droit de détail aux droits d'entrée, ne pouvant détruire la fraude que continuaient à pratiquer les marchands au moyen d'expéditions faites à des particuliers « par congés bourgeois », elle avait supprimé (édits de 1759 et de 1760) toute différence entre les boissons destinées aux commerçants et celles destinées aux consommateurs ordinaires. Les mêmes dispositions se retrouvent dans la nouvelle législation et dès la loi de 1806 (art. 40) nous enregistrons cette dispense : « Il n'y aura pas, dans l'intérieur de la ville de Paris, d'exercice sur les boissons. Les droits établis par la présente y seront remplacés par des droits perçues aux entrées. » Ce système de perception s'y est maintenu depuis sans interruption, confirmé par les différentes lois qui se sont succédées. La taxe de remplacement, tenant lieu de tous les droits, y compris le droit de circulation (comme la taxe primitive), libère absolument la ville de l'exercice ; les boissons circulent sans encombre dans toute son enceinte. M. Bocher, constatant cette similitude première, a dit : « Le système de perception en vigueur à Paris où toutes les taxes établies sur les vins, cidres, poirés, hydromels, eaux-de-vie, esprits, liqueurs et fruits à l'eau-de vie, sont remplacées par un seul droit qui est acquitté soit aux barrières, soit à la sortie de l'entrepôt général, doit avoir suggéré l'idée d'appliquer plus ou moins ce système dans les villes sujettes au droit d'entrée. » Quoiqu'il en soit, s'il était utile et intéressant de faire connaître cette ressemblance déjà ancienne entre les deux taxes, cette comparaison n'est plus possible depuis la loi de 1841 et la différence est complète entre ces deux combinaisons tendant également à la suppression de l'exercice. C'est cette différence totale que faisait ressortir M. Gouin en 1875 : « Paris n'est point soumis à la loi de 1832, ni à la loi de 1841 ; il est soumis à une taxe spéciale. Dans le style précis de la Régie, cette taxe spéciale est la

taxe de remplacement. C'est encore quelque chose de différent de la Taxe Unique, parce que le droit de circulation
se trouve compris dans la taxe spéciale qui existe à Paris,
tandis que le droit de circulation n'est pas compris dans la
taxe unique des autres villes redimées. »

Ainsi depuis la loi de 1841, la Taxe Unique ne peut plus
comprendre que le droit d'entrée et le droit de détail. Le législateur de 1832 était allé trop loin et avait favorisé une
minorité aux dépens des intérêts du trésor, comme aussi de
l'équité. Celui de 1841 a ramené à des limites plus sages
les concessions faites aux commerçants de boissons, voulant avant tout sauvegarder les droits de l'Etat gravement
compromis par la disposition de 1832, dont heureusement
peu de villes avaient profité.

2° Conditions d'établissement de la Taxe Unique

La loi a mis à l'établissement de la Taxe Unique une
condition fondamentale : la *population*. Elle ne peut, aux
termes de l'article 35 de la loi du 21 avril 1832, être appliqué
que dans les villes de 4000 âmes et au-dessus, soumises au
droit d'entrée. Les villes d'une population inférieure étaient
ainsi laissées en dehors de la réforme et restaient par suite

soumises au régime de l'exercice. Pourquoi cette limitation ? L'explication est facile à donner. Le législateur a
adopté cette combinaison parce qu'elle permettait, en se
servant pour la perception de la Taxe Unique des octrois
établis, de transformer la législation de 1816 sans imposer
à l'Etat une dépense beaucoup plus considérable que celle
occasionnée par la perception du droit d'entrée. Il devait
donc adopter pour sa réforme le même cadre que pour
le droit d'entrée. Or depuis la loi du 12 décembre 1830
ce droit était supprimé dans les villes d'une population
inférieure à 4000 âmes. D'où la limitation portée en 1832 à
la faculté d'établissement de la Taxe Unique : « Dans les
villes ayant une population agglomérée de 4000 âmes et
au-dessus. etc. » (art. 35). Il importait donc au plus haut
point de bien déterminer le chiffre de la population. A cet
effet une circulaire du 15 janvier 1838, n° 165, est venue
donner les instructions nécessaires (1) : « On doit, y est-il
dit, considérer comme population agglomérée la population
rassemblée dans des maisons contiguës ou réunies entre
elles par des parcs, jardins, vergers, chantiers, ateliers ou
autres enclos de ce genre, lors même que ces habitations
ou enclos seraient séparés l'un de l'autre par une rue, un
fossé, un ruisseau, une rivière ou une promenade. » Le recensement doit comprendre, quels que soient leur sexe et
leur âge. tous les individus français ou étrangers existant,

(1) Voir aussi circulaire du ministre de l'intérieur aux préfets,
n° 4, du 5 mars 1851,

établis ou résidant dans chaque commune. Il faut toutefois excepter ceux qui, n'y étant appelés que passagèrement, pour raison d'affaires, de voyage, de santé, pour les travaux de la moisson ou des vendanges, ou pour tout cause analogue, ont ailleurs leur établissement principal ou leur résidence plus prolongée ou plus habituelle. La population qui suivant l'usage des recencements est comptée à part (casernes, lycées, hospices, prisons' n'est pas comprise non plus dans l'évaluation de l'agglomération. Il suffit pour comprendre tout l'intérêt qui s'attache à ce recensement de dire que c'est sur lui que le législateur base d'un côté la soumission au droit d'entrée, de l'autre la faculté laissée aux villes de se libérer des exercices par la Taxe Unique.

Nous devons remarquer que cette condition première mise par la loi de 1832 à l'établissement de la Taxe Unique n'existait pas dans les lois antérieures : la loi sur les boissons de décembre 1814 avait bien admis ce mode de remplacement de l'exercice, mais elle n'avait porté aucune limite concernant la population : la seule condition qu'elle exigeait était que la ville fut gardée afin d'assurer la perception de la Taxe : « Dans les villes murées ou reconnues fermées, sur la demande des Conseils municipaux. » La loi du 1er avril 1830 n'en disait pas davantage et ne faisait en somme que reproduire l'idée émise en 1814. Mais ces lois ne furent guère mises en pratique et leurs dispositions étaient des plus vagues. Aussi considérons-nous que la loi de 1832 a sagement agi en limitant la réforme aux villes de 4000 âmes au moins ; la taxe unique appliquée dans des villes d'une population inférieure eût imposé soit à l'Etat, s'il eût dû percevoir à ses frais par ses seuls moyens, soit aux communes, si on les eut obligées, pour prix de la faculté de libération de l'exercice, à lever les barrières aux entrées ou à les mieux garder, une dépense considérable et peu en rapport avec le produit des droits. Sans doute peu de communes auraient usé de la faculté qui leur eut été laissée, mais il est bien préférable que le législateur ait lui-même écarté cette faculté qui n'aurait pu causer que des mécomptes à l'Etat, à cause du peu de surveillance qui eut été possible et de la fraude qui en fut résulté.

Cependant une limite moins élevée avait été proposée par M. Meynard en 1832 ; il proposait de donner aux villes de 2,000 âmes le droit de remplacer l'exercice par l'établissement de la taxe unique, à condition qu'elles aient un octroi : « Dans les villes ou communes où il existe un octroi et qui renfermeront une population de 2,000 âmes et au-dessus, il sera perçu une taxe unique aux entrées sur les vins, cidres, poirés, hydromels, liqueurs, eau-de-vie et fruits ». Ce projet n'était que la copie de la taxe de remplacement. Nous connaissons déjà les modifications principales à ce projet, limitation aux boissons hygiéniques et aux villes de 4,000 âmes, et les raisons qui l'ont fait rejeter. Lors de l'enquête de 1882, cette idée d'étendre le système de 1832 à des villes d'une population inférieure à 4,000 âmes, a trouvé encore des défenseurs. Certains ont demandé à ce qu'on en permette l'application partout où existeraient des moyens de surveillance, où fonctionnerait un octroi ; d'autres sont même allés plus loin et ont émis le vœu qu'on l'établisse en tous lieux à l'aide d'une recette buraliste installée dans chaque commune. La taxe unique serait devenue dès lors le système de perception unique pour toute 'a France, car elle aurait été rendue obligatoire. Une telle extension, non seulement n'est pas désirable, mais n'est pas possible à réaliser. Aussi n'a-t elle été jamais sérieusement discutée.

La taxe unique fut sous les lois de 1832 et 1841 un régime complètement facultatif. La liberté la plus entière était laissée aux Conseils municipaux, quelle que soit l'importance de la population. Cette faculté d'option est facilement explicable si l'on considère que le législateur s'était trouvé conduit à modifier la loi de 1816, par la nécessité de calmer les plaintes et la surexcitation des esprits contre le fisc ; il avait voulu permettre la suppression de l'exercice qui à ses yeux était le moyen le plus juste, le plus équitable de perception de l'impôt, mais, tout en la permettant, il n'avait pas voulu l'imposer. Dans ce but il avait laissé aux Conseils municipaux, délibérant dans les conditions que nous examinerons plus loin, l'entière liberté d'apprécier l'opportunité d'une telle réforme qui devait avoir pour résultat de faire peser sur la généralité des habitants une partie du droit de détail devant, en principe, porter exclusivement sur le débitant et être supporté par les seuls consommateurs venant s'approvisionner dans les débits : Les représentants des villes étaient en effet tout désignés comme mandataires de leurs administrés, pour juger s'il était conforme à l'équité de sacrifier la majorité des habitants au profit de la minorité formée par les commerçants de boissons. Le législateur avait ainsi répondu à l'appel de ces derniers sans imposer au reste de la nation une situation plus désavantageuse. Cependant, dès 1841, la question de rendre la taxe unique obligatoire fut agitée et vivement combattue. M. Béchard disait à ce sujet : « On oppose qu'un grand nombre de grandes villes n'ont pas usé de la faculté de se rédimer ; je n'examinerai pas les raisons de cette détermination ; mais je dis qu'il ne s'agit pas de rendre la taxe unique obligatoire, qu'on doit la laisser facultative, que les Conseils municipaux sont les meilleurs arbitres dans cette question ».

Sous ce régime de l'entière liberté pour toutes les villes, les conseils municipaux usèrent de l'option suivant les circonstances ; ils adoptèrent la Taxe Unique dans les temps de troubles, surtout ceux des centres les plus importants, faisant abdication de leur intérêt individuel en faveur de la tranquillité de la ville ; mais durant les époques plus calmes, ils délaissèrent au contraire ce mode de perception, cédant aux réclamations des particuliers s'approvisionnant en gros contre la charge plus lourde résultant pour eux du paiement d'une partie du droit de détail. Aussi peu de villes profitèrent en somme de la faculté laissée par les lois de 1832 et de 1841. M. Gouin qui fut le rapporteur de la commission instituée pour l'étude du projet qui devint la loi du 9 juin 1875 fait connaitre leur nombre excessivement restreint : « Un nombre relativement peu important de communes ont, disait-il, accepté la responsabilité que la loi leur imposait ou la faveur qu'elle leur accordait et aujourd'hui on ne compte guère qu'une cinquantaine de villes parmi lesquelles Marseille, Bordeaux, Lille, Rouen, le Hâvre, Toulouse qui soient en possession de cette taxe de remplacement ». L'exercice était donc à peu de chose près maintenu, même dans les villes importantes, où la fraude était difficilement réprimable. C'est précisément en vue de rendre moins considérable cette fraude, que fut déposé le projet de loi qui modifiait les lois de 1832 et de 1841 sur plusieurs points et principalement sur celui dont nous nous occupons présentement : la faculté d'option. La Taxe Unique devenait obligatoire pour les vil es de 10.000 âmes et au-dessus. Dans son rapport M. Gouin, un partisan de la suppression de l'exercice et par contre de l'établissement de la taxe unique dans toutes les populations de quelque importance, a très bien fait comprendre à ses collègues les motifs de cette nouvelle disposition : « Le projet de loi, dit-il, que le Gouvernement vous a présenté ne doit pas être considéré comme une aggravation de charges, mais bien plutôt comme la consécration d'un principe que nous cherchons à faire prévaloir partout : l'égalité de tous devant l'impôt. Au point de vue financier, le Trésor échappera à la nécessité de renforcer le personnel de surveillance insuffisant dans les grandes villes et réalisera, même dans les frais de perception, des économies sur beaucoup de points. Les employés qui étaient chargés de l'exercice seront reportés ailleurs et exerceront un contrôle plus efficace. Au point de vue moral, nous enlevons aux débitants tout intérêt à la fraude, que le désir de se soustraire aux exigences du fisc détermine très souvent en France. » La fraude était en effet une des principales considérations qui pouvaient faire naître la réforme réalisée en 1875 : il est facile de comprendre toute la facilité qui lui était donnée dans des villes d'une population aussi importante où une surveillance assidue était pour ainsi dire impossible vu les exigences du service. L'extension du régime de la Taxe Unique devait permettre, sinon de détruire entièrement, du moins de diminuer dans de grandes proportions cette fraude qui, de la part des débitants soumis à l'exercice consiste à faire venir avec des congés, au nom de voisins complaisants, des boissons destinées à leur débit et qu'ils vendent ensuite illicitement, profitant de l'écart qui existe entre le droit de détail et le droit de circulation, 7 à 8 francs en moyenne par hectolitre de vin, 1 franc 58 par hectolitre de cidre.

M. Gouin, prenant un exemple pour prouver d'une manière plus explicite tout l'intérêt que le débitant avait à frauder, disait : « La loi nouvelle rendra impossible la fraude qui est très largement pratiquée : En effet prenons une ville qui n'a point une Taxe Unique et dans laquelle se consomment 2.000 hect., savoir 1.000 hectolitres chez les débitants et 1.000 hectolitres chez les particuliers ; les débitants ont à payer dans cette hypothèse 2 fr. 50 par hectolitre pour droit d'entrée et 7 francs pour droit de détail ; au total 9 f. 50,

soit sur 1.000 hect. 9.500 francs. Au contraire les particuliers n'ont à payer que 2. fr. 50 par hect. pour droit de circulation et 2 fr. 50 pour droit d'entrée, au total 5 francs,
soit sur 1.000 hect., 5.000 francs. On voit la différence entre
les deux catégories de contribuables; les uns paient 5 francs
par hectolitre et les autres 9 fr. 50. Si l'on réunit ces deux
sommes de 5.000 fr. et 9.500 fr., on trouve 14.500 et si l'on
établit la Taxe Unique égale pour tous les contribuables,
chaque hectolitre paiera 7 fr. 25. A ce compte les débitants
paieront 2 fr. 25 en moins et les particuliers 2 fr. 25 en plus
de l'impôt qu'ils supportaient auparavant. » Evidemment
sur ce point la réforme devait atteindre son but : cette fraude
ne devait plus offrir qu'un intérêt lointain et collectif le jour
où l'impôt serait rendu le même pour tous les consommateurs et pour tous les débitants par l'établissement obligatoire de la Taxe Unique.

On arrivait par cette nouvelle disposition à prévenir la
fraude : or il vaut mieux prévenir que réprimer. Nous ne
pouvons mieux faire, pour préciser le but de la loi et résumer les raisons qui l'ont fait adopter, que de reproduire
les paroles de Léon Say, alors Ministre des Finances : « La
fraude, dont le Trésor avait à souffrir, est celle qui se pratique dans les villes qui ne sont pas redimées. Dans ces villes,
le vin qui est à l'adresse des consommateurs paie outre le
droit d'entrée, le droit de circulation ; le vin qui est à l'adresse
des débitants paie les droits d'entrée et de détail. Le droit
de détail est infiniment plus élevé que le droit de circulation. Que se passe-t-il ? On adresse à des particuliers des

pièces de vin qui sont emmagasinées dans des caves voisines de l'habitation des débitants et le Trésor est fraudé de la différence existant entre le droit de circulation et le droit de détail. Cette fraude s'opère sur une grande échelle et il faut reconnaître que, d'après les éléments statistiques, il se trouve un écart extraordinaire entre la consommation chez les particuliers et chez les débitants. Pour les villes ouvrières par exemple nous nous trouvons en face d'une fraude considérable qui fait perdre des droits très sensibles au Trésor. Nous pensons qu'en étendant le système facultatif que 49 villes se sont appliqué, en l'étendant à un plus grand nombre de villes — et le nombre de celles qui entreraient dans ce système s'élève à 100 — nous pensons, je dirai même que nous sommes certains d'éviter cette sorte de fraude. Si les droits sont perçus à l'entrée, le détaillant n'aurait en effet aucun intérêt à se faire adresser des vins chez les particuliers. Cette cause de fraude étant supprimée, nous aurions fait entrer au Trésor des sommes importantes. Ces sommes deviendront considérables lorsque nous aurons fait la revision. » Nous ne voulons pas pour le moment apprécier les résultats de cette réforme ; nous avons voulu seulement en faire connaître les motifs.

Cette réforme réalisée par la loi du 19 Juin 1875 ne s'étend qu'aux villes de 10000 âmes et au-dessus. Pourquoi n'aurait-on pas fait une réforme totale, pourquoi le législateur de 1875 n'a-t-il pas voulu adopter la même mesure pour les villes de 4000 âmes, pour toutes les villes en un mot auxquelles peut s'appliquer la Taxe Unique ?

On aurait ainsi supprimé l'exercice dans toutes les villes sujettes au droit d'entrée. Si le législateur a ainsi limité sa réforme aux villes les plus importantes c'est qu'elle eût pu amener de mauvais résultats étendue obligatoirement à de petites villes mal gardées. C'est aussi afin de rendre la nouvelle mesure d'une application plus facile que le Gouvernement n'a voulu atteindre que les agglomérations d'au moins 10 000 âmes, toutes les villes de cette importance en France ayant déjà un service et des bureaux d'Octroi. Ce sont ces raisons qu'à fait connaître Léon Say à l'Assemblée Nationale lors de la discussion du projet : « J'aurais voulu aller plus loin et comme l'avait proposé un de mes honorables Collègues, appliquer ce système aux villes d'une population de 4000 âmes. J'aurais voulu pouvoir vous proposer de les soumettre à ce même régime ; mais il a été constaté par une enquête que nous avons ouverte auprès de tous nos Directeurs que dans les villes de 4000 à 10000 âmes, les Octrois ne sont pas suffisamment fermés. Les recettes aux entrées des villes ne sont pas assez garanties par la garde de leur ceinture pour que nous puissions espérer retrouver pleinement le déficit que nous avons aujourd'hui. Nous n'aurions pas eu la même cause de déficit, mais nous en aurions trouvé une autre dans la difficulté de garder l'Octroi. Voilà pourquoi nous restreignons nos propositions aux villes de 10 000 âmes. »

La loi du 9 juin 1875 donnait ainsi au gouvernement le pouvoir d'appliquer d'office le régime de la taxe unique dans ces villes sans l'assentiment du Conseil municipal. Ce vote était seulement maintenu pour les villes de moins de 10.000 âmes, rien n'étant changé pour elles au régime des lois précédentes. Cette réforme devait atteindre une centaine de villes non encore redimées. — Disons en terminant que la loi de 1875 n'a fait que réaliser un des vœux de la commission instituée en 1830 pour étudier les changements à apporter à l'impôt des boissons. La commission de 1850 avait aussi posé la question, mais elle avait été ensuite délaissée.

Ce pouvoir nouveau donné au Gouvernement nous amène à parler de la nécessité, disparue depuis 1875 pour les villes de 10.000 âmes et au-dessus, d'un vote du Conseil municipal pour l'établissement de la taxe unique. Cette condition se déduit naturellement du caractère tout facultatif qu'ont revêtu jusqu'en 1875 les différentes lois sur la taxe unique. Cette faculté d'option la loi ne pouvait mieux faire que de la donner à ceux qui sont chargés des intérêts communaux, aux membres du Conseil municipal.

En celà la loi de 1832 et les lois postérieures, même celle de 1875 qui a maintenu la nécessité du vote pour les villes de 4,000 âmes et au-dessus, n'ont fait que reproduire les dispositions de l'article 81 de la loi du 8 décembre 1814 : « Dans les villes murées ou reconnues fermées, sur la demande des Conseils municipaux. » et de la loi du 13 août 1830 : « les Conseils municipaux « pourront ». Mais ces dispositions primitives étaient très critiquables et rendaient en quelque sorte cette faculté absolument illusoire, les Conseils municipaux composés en majeure partie de non débitants ne voulant pas imposer une charge plus lourde à la majorité de leurs administrés en vue de satisfaire les intérêts de la minorité formée par les commerçants de boissons. Aussi le législateur de 1832 a-t-il complété ces dispositions en donnant à ces derniers une certaine représentation. Il a voulu que les deux intérêts fussent soutenus et dans son article 3 il en a déterminé les conditions : « Pour délibérer sur cette question le Conseil munidipal devra s'adjoindre un nombre de marchands en gros et de débitants de boissons les plus imposés à la patente, égal à la moitié des membres du Conseil. » Donc deux conditions : le Conseil municipal doit s'adjoindre des commerçants de boissons (détaillants) en nombre égal à « la moitié » des membres du Conseil et ces délégués doivent être les plus patentés.

Ces dispositions nouvelles ont fait naître dans l'application quelques questions importantes. Supposons un commerçant de boissons exerçant en même temps une ou plusieurs autres professions sujettes à la patente. Va-t-on s'arrêter au chiffre total de la patente pour déterminer l'ordre dans lequel les marchands en gros et les débitants de boissons doivent être classés ? Une telle solution irait contre le vœu du législateur qui a voulu donner voie délibérative à ceux qui doivent être les plus intéressés au régime de l'impôt sur les boissons, aux plus imposés. Il est évident en effet que si l'on adoptait le chiffre total de la patente payée par les assujettis faisant divers commerces, pour déterminer l'ordre dans lequel les commerçants de boissons doivent être adjoints au Conseil municipal, on arriverait à fausser l'idée de la loi et à faire voter ceux qui peut être ont le moins d'intérêt à la transformation des taxes. Mais en ce cas comment déterminer le taux de la patente pour le commerce des boissons ? La difficulté est là. Il y a évidemment impossibilité d'assigner à ce commerce la portion pour laquelle il entre dans le droit de patente. Aussi a-t-on proposé un système qui ne conduit qu'à une approximation : « Il semble. dit Olibo, que l'on pourrait recourir à un autre moyen d'apprécier l'importance de ce commerce, par la comparaison des droits de détail ou de consommation payés par les débitants avec ceux des plus imposés qui se livrent exclusivement à la vente des boissons ; à l'égard des marchands en gros, ce serait l'importance de leurs charges pendant l année qui a précédé celle dans laquelle la délibération a eu lieu. » Dans le silence de la loi, c'est encore la solution qui paraît la plus équitable.

La seconde condition, relative « au nombre » des commerçants de boissons, avait aussi donné lieu à quelques difficultés ; la loi de 1832 laissait en effet supposer que le nombre de ces représentants devait être égal à la moitié des membres du Conseil, en sorte qu'il pouvait arriver que le nombre des adjoints fut supérieur au nombre des conseilers municipaux présents à la délibération. Le même cas pouvait se présenter avec un Conseil comprenant parmi ses membres un ou plusieurs débitants ou marchands en gros. La majorité était sûrement déplacée au profit de ces derniers. Cette situation assez fréquente principalement dans les pays vinicoles, avait des inconvénients manifestes : le but de la loi était complètement tourné et la taxe unique était établie par la volonté seule des commerçants de boissons, la représentation de l'intérêt général ne pouvant avoir pour elle la majorité et étant par suite anéantie. Le législateur de 1841 est venu modifier cette disposition incomplète de la loi de 1832. L'article 20 s'exprime ainsi : « Le nombre des marchands en gros et des débitants de boissons que les Conseils Municipaux sont tenus de s'adjoindre, en vertu de l'article 37 de la loi du 21 avril 1832, pour délibérer sur l'établissement de la Taxe Unique, devra être égal à la moitié des membres présents du Conseil, « sans toutefois qu'au moyen de cette adjonction plus du tiers des votants puisse être formé de marchands en gros ou débitants ». « C'est là. a dit le rapporteur Rivet, une mesure d'ordre qu'il était utile d'introduire. L'article 20 n'a d'autre portée que de fixer le sens d'un article de loi de 1832 dont l'application avait soulevé des difficultés. » Il suit de cette disposition que si un Conseil Municipal était réuni au nombre de vingt membres, il devrait s'adjoindre pour délibérer des marchands en gros et débitants de boissons de la commune, les plus imposés à la patente ; mais si parmi les conseillers municipaux se trouvaient déjà des marchands en gros ou des débitants on devrait réduire les adjonctions de manière que les 2 3 des votants fussent toujours étrangers au commerce en gros ou en detail des boissons. En cas de nombre impair, c'est-à-dire s'il y a fraction dans le nombre des adjonctions, cette fraction doit être forcée au profit des adjonctions.

Cette disposition législative corrigeait selon l'esprit de la loi primitive ce qu'avait de défectueux l'article 3 de la loi de 1832, qui arrivait à sacrifier la majorité des habitants au profit d'une minorité à qui il était relativement facile de faire supporter par tous une bonne partie de leurs charges. Cependant elle fut vivement combattue lors de la discussion. M. de la Grange demandait l'abandon de cet article 20 : « Je demande, disait-il, le rejet de cet article ; je le repousse et comme inexécutable et comme injuste en lui-même, en ce qu'il tend à dépouiller les pays vignobles de leurs représentants naturels dans les villes sujettes aux octrois ; c'est l'abrogation de l'article 37. Supposez que sur douze conseillers municipaux, il s'en réunisse 7 à 8 et que parmi eux il y en ait déjà deux qui soient négociants en vins ou débitants ; il n'y aura point d'adjonction à faire ; par conséquent la loi ne sera pas exécutée. Si d'un autre côté, il se trouvait dans le Conseil plus d'un tiers de marchands, ce qui peut arriver dans un pays vignoble, il n'y aura pas de délibération possible, à moins d'exclure plusieurs des membres du Conseil Municipal, qui se verraient frappés d'incapacité. »

Cette seconde critique semble juste, mais il est permis de dire que dans ce cas aucun des membres du Conseil ne serait exclu : toutefois la loi n'a parlé que des adjonctions et s'est abstenue de se prononcer sur la difficulté qui lui était signalée. Disons que la question ne s'est pas posée dans la pratique. Quant au premier argument par lequel M. de la Grange a voulu combattre l'article 20, il ne nous

semble pas qu'il soit permis de dire que dans de telles conditions la loi n'est pas exécutée. Quel est en effet le but de
la loi ? Donner à ces deux intérêts opposés, l'intérêt des
habitants en général d'un côté, de l'autre celui des négociants en boissons, une représentation dans le vote sur l'établissement de la taxe unique. Le but n'est-il donc pas
atteint lorsqu'au lieu de s'adjoindre des débitants de boissons, ceux-ci sont représentés par les Conseillers exerçant
le même commerce. Il nous semble que bien au contraire ils
ne peuvent trouver de meilleurs défenseurs. Qu'importe
l'adjonction, pourvu que la représentation existe ! Aussi
malgré la vive opposition de M. de la Grange, la Chambre
a voté, sans aucune autre discussion, l'article en question
auquel la loi de 1875 n'a apporté aucune modification.

Doit-on exiger à l'appui des délibérations du Conseil
municipal la justification de l'aptitude des votants ? Cette
justification peut être exigée par le Ministre des Finances,
auquel doivent être soumis les arrêtés des préfets autorisant la perception de la taxe unique. Il est essentiel qu'il
puisse apprécier si la délibération a été prise sous les conditions imposées par la loi, si la représentation des deux
intérêts opposés voulue par le législateur a bien été remplie.
A cet effet il peut exiger qu'il lui soit fait la preuve que les
marchands en gros ou les débitants de boissons qui ont
participé à la délibération étaient bien les plus imposés à
la patente, suivant les dispositions de la loi, ou du moins
qu'ils se trouvaient immédiatement après ceux qui, devant
être convoqués ou l'ayant été, n'ont pas assisté à la délibé-

ration et dont l'empêchement devrait être aussi justifié.

Toutefois, en fait, cette question ne prend réellement de l'importance que s'il est possible de supposer que le défaut d'inobservation de la loi a pu avoir quelque influence sur le résultat de la délibération, ce qui pourrait se produire si par exemple au lieu de prendre les plus imposés à la patente on a pris les représentants des commerçants de boissons parmi ceux qui l'étaient le moins et qui par suite ont pu avoir intérêt à se prononcer contre la taxe unique afin de se réserver le crédit des droits qu'aurait fait disparaître la transformation dans le mode de perception. Dans ce cas la présomption est grave et le défaut d'inobservation de la loi peut être une cause pour laquelle le Ministre peut infirmer l'arrêt rendu par le préfet. Celui-ci doit alors provoquer immédiatement une nouvelle délibération. Mais pendant ce temps comment sera perçu l'impôt ? Il est douteux que le défaut d'approbation de l'arrêté du préfet puisse avoir pour effet de faire cesser immédiatement la perception de la taxe unique, si elle était déjà en vigueur. Nous croyons qu'il est plus conforme aux intérêts et de l'État et des contribuables de continuer cette perception, jusqu'au moment où une nouvelle délibération sera venue émettre un vœu contraire à la première ; dans ce cas le préfet devrait immédiatement rendre un arrêté rétablissant le régime des exercices. La perception de la taxe unique cesserait par suite.

La délibération du Conseil municipal est encore irrégulière et par suite le préfet doit refuser d'autoriser le perception de la Taxe Unique, lorsqu'elle n'a pas été prise en conformité de la condition nouvelle posée par l'article 20 de la loi de 1841 qui a pris soin de déterminer la nombre des marchands en gros ou débitants devant être joints au Conseil. Il en est ainsi lorsque le tiers des voix accordé à ces représentants n'a pas été observé dans un sens ou dans l'autre. Cependant un arrêt du Conseil d'Etat du 6 mai 1858 a porté une exception à cette règle que toute délibération du Conseil municipal touchant la Taxe Unique doit avoir lieu avec l'adjonction de négociants. « Lorsqu'une pétition, dit Olibo, dans laquelle des individus faisant le commerce des boissons demandent le rétablissement de la Taxe Unique pour remplacer le droit de détail, n'a pas été renvoyée à l'examen du Conseil municipal par le préfet ou le ministre des finances, le Conseil municipal n'excède point ses pouvoirs en passant à l'ordre du jour sur cette pétition sans l'adjonction d'un certain nombre de marchands en gros ou de débitants. » La question s'était posée au sujet de la ville de Rouen. Les pétitionnaires soutenaient que la question de conversion des droits d'entrée et de détail en une taxe unique peut être soulevée chaque année par les contribuables, en vertu de ce principe que le vote de l'impôt est annuel. C'était là une erreur grave, expliquant l'arrêt du Conseil d'Etat qui dans ce cas a fait fléchir la règle posée par l'article 20. Il suffit que la représentation de ces commerçants ait été conforme à la loi lors de la première délibération visant le remplacement de l'exercice par la Taxe Unique et rien ne dit dans les textes qu'une délibération soit nécessaire chaque année pour la maintenir. Les explications qui ont précédé la loi de 1841 le prouvent surabondamment. Le Gouvernement dans son projet avait en effet proposé de joindre à l'article 19 un deuxième paragraphe ainsi conçu : « A défaut avant le 30 novembre de chaque année d'un vote spécial du Conseil municipal pour la continuation de la Taxe Unique dans les villes où elle est établie, la perception par voie d'exercice reprendra son cours le 1er janvier suivant. » La commission chargée d'étudier ce projet se prononça nettement contre cette addition : « Il nous a paru, a dit M. Rivet, que le silence des membres du Conseil municipal devait être interprété comme une adhésion tacite au mode qu'ils ont déjà adopté plutôt que comme un retour vers un état dont ils avaient voulu sortir. » Cette solution était toute naturelle et il est bien certain que le projet du Gouvernement. s'il eut été adopté dans cette disposition, eut apporté une complication sérieuse à l'application de l'impôt.

Il résulte de ce passage de l'exposé des motifs que, lorsqu'un Conseil Municipal a voté régulièrement, dans les villes ayant une population agglomérée de 4000 à 10.000 âmes, la suppression des exercices et a remplacé par la taxe unique les droits d'entrée et de détail sur les vins, cidres, poirés et hydromels, ce vote doit être maintenu tant qu'un autre vote régulier n'en décide pas la suppression ; il en est de même, lorsque le Conseil Municipal, mis en demeure de se prononcer, refuse de délibérer. Il n'en serait autrement que si le Conseil dans son vote avait assigné une durée à la Taxe Unique. Dans ce cas, il n'y aurait pas besoin pour faire cesser la taxe unique d'un vote spécial. Il faudrait au contraire, un vote nouveau pour la maintenir. Il nous faut ajouter que tout vote relatif à la suppression de la taxe unique doit remplir les conditions prescrites par l'article 20 de la loi de 1841 pour son établissement : les adjonctions dans la même proportion sont exigées.

Une dernière question s'est posée à propos du vote. Nous devons la faire connaître. Quelques Conseillers Municipaux ayant signé (affaire de la ville de Rouen) une pétition tendant au rétablissement de la Taxe Unique sur les boissons aux entrées, on s'était demandé si ces Conseillers pouvaient être admis à délibérer sur une demande à laquelle ils avaient concouru. La réponse a été affirmative : quelque irrégulière que soit une telle action, il n'a pas paru possible de leur enlever le droit de siéger au Conseil Municipal lorsqu'il s'occupe de la question de la Taxe Unique. La loi en effet ne donne aucun moyen de récusation et il suffit pour la validité du vote, que les prescriptions de l'article 20 de la loi du 25 juin 1841 aient été observées (Olibo).

Ce vote une fois régulier peut-il être mis à exécution aussitôt l'arrêté du préfet ou bien seulement à une époque déterminée ? La loi de 1841 a introduit à ce sujet une règle très précise dans son article 19 : « Toute délibération du Conseil Municipal qui aura pour objet d'introduire une Taxe Unique ne pourra être mise à exécution qu'au 1er janvier et pourvu qu'elle ait été notifiée à la régie au moins un mois avant cette époque ». C'est afin de ne pas apporter de trouble dans la perception que le législateur a fixé cette condition à l'entrée en vigueur de la taxe unique. Il est nécessaire que l'Administration soit avertie assez à temps pour prendre toutes les mesures exigées par le changement de régime. La Taxe Unique entraine en effet des modifications nombreuses en ce qui concerne la perception, outre les travaux nécessités pour la fixation de la taxe. Cependant la loi de 1875 contenant l'obligation pour les villes de 10.000 âmes d'accepter le régime de la taxe unique a été mise à exécution le 1ᵉʳ juillet : mais c'est là une exception. La loi de 1832 n'avait sur ce point prescrit aucune condition, et cette lacune avait créé certaines difficultés à l'Administration qui, n'étant le plus souvent avertie de la transformation que peu de temps avant l'application du nouveau mode de perception, ne se trouvait pas en mesure d'en assurer dès le début le fonctionnement régulier.

3° Fixation de la Taxe Unique.

Le vote du Conseil municipal étant intervenu et approuvé par arrêté du préfet et la notification ayant été faite à l'Administration, c'est à elle qu'il incombe de déterminer le montant de la Taxe Unique. Il s'agit en effet des droits de l'Etat et les agents de l'Administration sont les mieux

placés pour avoir les documents relatifs à cette fixation.
D'après quelles bases a-t-elle lieu ? Comment est-elle déterminée ? C'est là une question dont on conçoit toute l'importance. En effet la Taxe Unique ne doit pas faire peser sur
la ville un impôt plus élevé que sous le régime de l'exercice : une grande exactitude doit donc être exigée dans la
fixation de la taxe : « Le Gouvernement, disait M. Gouin
en 1875, n'a nullement l'intention d'aggraver les taxes
actuellement existantes sur les vins ; le Trésor par suite
de l'établissement de la Taxe Unique ne percevra dans les
villés rédimées que la même somme d'impôt payée auparavant, étant donné une même quantité de vin. » Pour arriver à
ce résultat, on établit le tarif la Taxe Unique d'après les quantités assujetties aux droit d'entrée et de détail et d'après le
produit de ce dernier droit ; les registres de perception et
les états de produits fournissent à ce sujet tous les renseignements. Mais, comme dans le système de la Taxe Unique
les débitants sont tenus d'acquitter le droit de circulation,
il faut déduire le montant de cette perception (1) de la somme
du droit de détail à remplacer. En effet sous le régime des
exercices, les débitants ne paient pas le droit de circulation.

---

(1) Exemple : Droits d'entrée....   5,000 fr.
           Droits de détail. ...   20,000 fr.
                               25,000 fr.

A déduire : droit de circulation afférent aux quantités vendues
chez les débitants....,. 1000 fr. Reste 24000 fr. — Quantités soumises
au droit d'entrée.... 6000 hect. à 4 fr. (quantité de la taxe de remplacement), 24,000 fr.

Avant la loi de 1841, il n'en était pas ainsi lorsque le Conseil municipal avait décidé de comprendre le droit de circulation dans la Taxe Unique : ce droit était alors compris dans le calcul du tarif qui était fixé d'après le droit de détail sans déduction. L'article 36 de la loi de 1832 disait : « Cette taxe unique sera fixée..., en divisant la somme des produits annuels de tous les droits à remplacer, par la somme des quantités annuellement introduites. » La loi de 1841 a enlevé la faculté aux communes de comprendre le droit de circulation dans la Taxe Unique : ce droit, gardant son indépendance, devait par suite être exclu des calculs faits pour la détermination du tarif. Si l'on eût agi autrement, on serait arrivé à ce résultat de faire payer deux fois le même droit, une fois comme droit distinct, et une fois compris dans la Taxe Unique.

La Taxe Unique est fixée par hectolitre et par ville, d'après la moyenne des trois dernières années. Ce sont les dispositions de l'article 36 de la loi de 1832. En disposant que le calcul du tarif devrait être établi sur la moyenne des trois dernières années, cet article a entendu parler des trois années écoulées entièrement et consécutives les unes aux autres, les plus rapprochées de celle pendant laquelle le remplacement est adopté. Ces années doivent en outre être comptées des arrêtés de décembre aux arrêtés de décembre, ce qui exclut la possibilité de les composer de fractions de deux années.

Les lois de 1841 et de 1875 n'ont rien changé à ces dispositions. Cependant en 1875 M. Guichard avait proposé de les modifier, sous prétexte que le prix moyen dans les années 1873, 1874, 1875 avait été exceptionnellement plus élevé que dans les années précédentes et que par suite il devait en résulter une aggravation injuste du tarif de la Taxe Unique ; il demandait à ce qu'on prit pour base du calcul le prix moyen des cinq dernières années au lieu des trois seulement. Le Ministre des Finances d'alors s'éleva contre cette proposition : « Si vous admettiez que le taux de la taxe doit être établi sur la moyenne des cinq dernières années pour la première fois, vous seriez obligé, autrement vous paraîtriez peu logique, d'admettre la même base d'évaluation pour toutes les autres fois, car quant on a établi la taxe dans certaines villes, on l'a calculée sur la moyenne des trois dernières annéees. Vous bouleverseriez alors tout le système de la Taxe Unique. » M. Bocher ajouta : « Les deux années 1871 et 1872 qu'il s'agirait de joindre aux trois dernières années comme base de calcul ont été des années de cherté ; par conséquent ce que propose M. Guichard, aurait précisément eu pour effet, bien contraire à sa volonté, d'aggraver l'impôt. » Sur ces observations, quelque peu spécieuses, avouons-le, la proposition fut rejetée ; il est certain qu'elle eût rendu encore plus difficile et plus long le calcul du tarif déjà assez compliqué. Une moyenne de trois ans fournit au reste des données assez précises pour satisfaire à tous les intérêts.

Le mode d'établissement que nous venons d'examiner a eu pour résultat de donner à cet impôt un caractère variable que n'a pas le simple droit d'entrée. C'est ce qui explique que le droit de Taxe Unique puisse être différent pour deux villes qui se trouvent dans les mèmes conditions de population et dans le mème département. Mais cette inégalité n'est en somme pas imputable à la Taxe Unique ; ce système n'est en effet que la décalque des droits antérieurement perçus, qui continuent à ètre encaissés sous une autre forme mais sans ètre augmentés, et l'Etat n'obtient que l'équivalent des sommes, que, dans le régime des taxes différentielles, les villes avaient à payer à titre de droits d'entrée et de détail et pour la population prise dans son ensemble. Ainsi en principe la quotité de l'impôt est la mème sous les deux régimes.

Mais la loi de 1875, ayant établi l'obligation pour les villes de 10,000 âmes et au-dessus, avait amené une grande augmentation dans la proportion des ventes des débits par rapport à la consommation totale. La raison de cette augmentation était celle que prévoyaient les promoteurs de la loi de 1875 : la diminution de la fraude dont le droit de détail était l'objet sous le régime des exercices. Le régime de la Taxe Unique obligatoire pour ces villes importantes ayant pour résultat de niveler les droits pour les consommateurs et les débitants, ceux-ci n'avaient plus guère d'intérêt à se faire expédier des vins ou des cidres au nom de tiers complaisants. Quelle devait par suite être la conséquence de cette augmentation dans la vente au détail ? Un accroissement très sensible des tarifs de la Taxe Unique dans les villes où le droit de détail était précédemment l'objet d'une fraude très active.

Cette augmentation était en principe absolument juste et provenait seulement de la meilleure rentrée de l'impôt.

Le gouvernement a cru cependant qu'il devait intervenir pour limiter le montant de la taxe afin d'empêcher un tarif trop élevé. Dès le 28 octobre 1878 un projet était présenté par le Gouvernement à la Chambre ayant pour objet de fixer un maximum que ne pourraient dépasser les tarifs de la taxe unique dans les agglomérations de 10,000 âmes et au-dessus. Son but était « tout en assurant une juste répartition de l'impôt, de favoriser le développement de la consommation alimentaire » : « dans les agglomérations industrielles, était-il dit, où une grande partie des vins et des cidres est achetée chez les débitants, tant pour la satisfaction des besoins des petits ménages que pour l'alimentation des ouvriers appelés à leurs travaux loin de leur habitation, n'y a-t-il pas lieu de modérer dans les éléments de la taxe unique l'élévation progressive du droit de détail ? »

A l'appui de son projet le Gouvernement donnait, par des chiffres recueillis à la suite d'une enquête, les preuves de la disproportion existant entre le tarif applicable d'après la loi de 1875 et le tarif antérieur : « Dans les villes des départements, disait-il, où la bière et le cidre constituent la boisson de consommation générale, les tarifs de la Taxe Unique applicables aux vins atteignent un taux qui paraît excessif. Nous croyons devoir indiquer ci-après un certain nombre de ces villes, en rappelant en même temps le chiffre du droit de circulation que les vins y acquittent également :

6

Villes	Droit de Circulation	Taxe Unique Tarif actuel	Tarif applicable loi de 1875 (lors de la Révision
—	—	—	—
Morlaix....	3	8.03	11.94
Granville...	3	8 54	11.40
Calais	3	12.40	11.95
Boulogne ..	3	10.24	11.93
Dunkerque.	3	7.70	12.27
Abbeville...	3	5.90	9.45
Amiens....	3	8.95	12.39
Le Hâvre..	3	10.48	16.35
Rouen.....	3	9.19	12.04
Dieppe.....	3	11.68	15.85
Caen.......	3	8.38	12.03
Brest......	3	10.37	16.52

De telles taxes sont de nature à entraver l'usage du vin et on est fondé à dire que le commerce qui fait tant d'efforts pour accroître ses débouchés à l'étranger, se trouve ainsi privé d'une partie de ceux qu'il pourrait se créer à l'intérieur. » Pour remédier à l'élévation excessive de ces taxes, le Gouvernement proposait de ranger les villes, comme pour la perception du droit d'entrée, en 20 catégories, et de déterminer pour chacune de ces catégories un taux maximum que le tarif de la Taxe Unique ne pourrait pas dépasser. Ce maximum dans le projet devait être fixé à deux fois et demie le droit d'entrée ; il aurait ainsi suivi

la même progression que ce droit, progression en rapport avec le chiffre de la population et la valeur moyenne
de la boisson, ce qui parait logique. En adoptant cette
règle on aurait laissé à la Taxe Unique une certaine élasticité qu'elle doit tenir des deux éléments qui la composent:
quantités vendues dans les débits et prix moyen de la
vente en détail. Mais cette élasticité aurait été contenue
dans de justes limites.

Le résultat que le projet attendait de cette réforme était
une notable diminution pour les villes de 10.000 âmes à
15.000 et principalement pour les villes dans lesquelles la
bière et le cidre étaient les boissons usuelles. La loi du 19
juillet 1880, qui vint réaliser la modification, emprunta
l'idée primordiale émise par le Gouvernement : réduction,
limitation du tarif, mais elle apporta à sa réalisation des
changements profonds. Tandis que le projet de 1878 voulait fixer le maximum à deux fois et demie le droit d'entrée,
son article 5 l'a fixé à trois fois : « Dans les agglomérations
de 10.000 âmes et au-dessus, le tarif de la Taxe Unique ne
pourra pas dépasser un maximum fixé à trois fois le droit
d'entrée déterminé par l'article 3 de la présente loi. » Lors
de la discussion à la Chambre M. Gasté avait proposé un
amendement destiné à être ajouté au paragraphe précédent : « Sans que le prix de la Taxe Unique y compris le
droit de circulation puisse jamais dépasser 8 fr. 25 pour les
vins et 4 fr. 50 pour les cidres, poirés et hydromels. » Voici
les raisons données pour expliquer cet amendement. Nous
voulons les présenter, parce que, à notre humble avis, ces

explications passées à peu près inaperçues en 1880 auraient dû attirer l'attention du législateur. « La ville de
Brest et la ville du Hâvre, disait ce député, par suite de la
mauvaise loi que vous allez modifier, payeraient, si on
revisait la loi de 1875, 16 à 17 fr. de droits ; elles payeraient beaucoup plus qu'à Paris ; vous venez de décider que
Paris payerait une taxe de remplacement de 8 fr. 25 pour
les vins et 4 fr. 50 pour les cidres. Il ne faut pas qu'une
population comme celle de Brest où la main-d'œuvre est
excessivement mal payée, où le territoire ne produit ni vin,
ni cidre, paye des taxes exhorbitantes. L'article 5 déclare
que le tarif de la Taxe Unique ne pourra pas dépasser un
maximum fixé à trois fois le droit d'entrée. Il résulterait de
là que la ville de Brest payerait encore 11 fr., c'est-à-dire
près de 3 fr. de plus que Paris. Il n'est pas juste, alors que
la main-d'œuvre est dix ou vingt fois plus chère à Paris
qu'à Brest, qu'on puisse payer 3 fr. de plus par hectolitre
pour le vin ordinaire à Brest qu'à Paris. » C'était là évidemment une inégalité choquante à laquelle le législateur aurait dû remédier. Il n'en a pas été ainsi et l'amendement
sans aucune discussion préalable a été repoussé.

La réforme réalisée par la loi de 1880 ne s'étend pas à
toutes les villes soumises au régime de la Taxe Unique,
ainsi qu'il eût été équitable. Elle est limitée aux villes de
10.000 âmes et au-dessus soumises obligatoirement au système de 1832. Cette limitation n'a pas de raison d'être et
est contraire au principe de l'égalité de tous devant l'impôt.

Il arrive aujourd'hui que des villes d'une population inférieure à 10.000 âmes paient une Taxe Unique plus élevée que des villes ayant 50.000 ou 100.000 âmes, se trouvant dans les mêmes conditions. C'est ainsi que, en prenant un exemple dans le département de la Seine, nous voyons le Kremlin ayant une population agglomérée de 7.363 habitants et se trouvant par suite exclu de la réforme de 1880, payer une taxe unique plus élevée que la ville d'Aubervilliers, trois fois et demie plus peuplée (27.064 hab.) C'est ce qui ressort des états établis par l'Administration pour la revision de la taxe : Le Kremlin paie une Taxe Unique de 5 fr. 19 pour le vin et de 2 fr. 55 pour les cidres, alors qu'avec le maximum fixé en 1880, il eût payé 2 fr. 55 pour les vins et 1 fr. 50 pour les cidres. Par contre Aubervilliers, profitant de la réforme, paie une Taxe Unique de 5 fr. 10 pour les vins et 2 fr. 50 pour les cidres, alors que sans le maximum, cette ville eût payé 6 fr. 79 pour les vins et 3 fr. 50 pour le cidre. D'où différence d'impôt entre les deux villes, payée par la moins importante, 9 centimes pour le vin et 5 centimes pour le cidre. Elle doit être dans bien des cas beaucoup plus sensible. Le législateur eût certainement dû éviter d'introduire dans notre système de perception de l'impôt indirect une telle inégalité ; sans doute on répond que pour les petites villes la Taxe Unique est absolument facultative, mais ce n'est pas une raison pour la leur rendre plus lourde si elles veulent l'adopter.

La loi du 19 juillet 1880, établissant un maximum pour le tarif dans les villes de 10.000 âmes et au-dessus, devait recevoir son exécution lors de la première révision,

en vue de laquelle le projet Gouvernemental avait été déposé.
Nous sommes ainsi amenés à étudier ce principe nouveau né de la loi de juin 1875 : « En adoptant cette clause, a dit le rapporteur M. Gouin, nous rendons un nouvel hommage au principe d'égalité devant l'impôt que nous ne saurions trop proclamer. Ce que veut la loi, ce que nous voulons tous, c'est que chacun ne paie que ce qu'il doit, mais paie tout ce qu'il doit. La révision n'a pas d'autre but. » C'est l'article 4 qui a réalisé cette réforme : « Le tarif de la Taxe Unique sera revisé périodiquement dans toutes les villes redimées. » Avant 1875, le tarif de la taxe unique une fois établi était immuable ; il en résultait pour les villes redimées depuis 1832, un véritable privilège. Il suffit pour s'en convaincre de rappeler d'après quelles règles s'établit le calcul de la taxe et de quels éléments il se compose : Nous savons déjà qu'il a pour base :

Le droit d'entrée qui varie suivant la population ;

Le prix moyen de la vente en détail.

De ces deux éléments l'un, le droit d'entrée est à peu près fixe ; l'autre, le droit de détail est une taxe *ad valorem* dépendant de l'importance des quantités vendues dans les débits et du prix de vente de la boisson. Or l'une de ces bases étant ainsi sujette à des fluctuations, il était contraire au principe même de la loi que la Taxe Unique restât stationnaire : « Il est absolument impossible de dire, en admettant même que les chiffres qui ont servi de base aient été parfaitement exacts il y a vingt, trente ou quarante ans, il est impossible, disait en 1875 le rapporteur, d'affirmer qu'ils le sont encore aujourd'hui. Il nous suffira en effet de signaler un fait qui s'est produit depuis 30 ans et qu'on ne saurait contester. Le droit de détail par hectolitre s'est élevé, d'année en année. en proportion du renchérissement non seulement des vins, mais encore de toutes choses et l'on peut dire avec certitude que si l'on remanie aujourd'hui les taxes de remplacement dans toutes les villes où elles existent, les chiffres qui serviront à les établir, notamment en ce qui concerne le droit de détail, ne seront plus ceux d'autrefois et procureront au Trésor un notable mais légitime accroissement de recettes. »

Il suffit pour vérifier l'exactitude de l'augmentation du droit de détail signalé par le rapporteur de considérer le tableau ci après, emprunté au bulletin de statistique du ministère des finances. Il permet en effet de constater que le prix moyen du litre de vin au détail a suivi jusqu'en 1875 et suit depuis une progression constante et très marquée :

En 1806, le prix était de..... 0 fr. 26 centimes
En 1810,   —   ..... 0 fr. 35   —
En 1830,   —   ..... 0 fr. 35   —
En 1848,   —   ..... 0 fr. 36   —
En 1860,   —   ..... 0 fr. 57   —
En 1871,   —   ..... 0 fr. 51   —
En 1873,   —   ..... 0 fr. 57   —
En 1874,   —   ..... 0 fr. 63   —
En 1875,   —   ..... 0 fr 54   —
En 1880,   —   ..... 0 fr. 74   —

En 1886, le prix était de . . . . . 0 fr. 78 centimes
En 1887,   —   . . . . . 0 fr. 802   —
En 1888,   —   . . . . 0 fr. 806   —
En 1890,   —   . . . . . 0 fr. 780   —

De même le droit d'entrée basé sur la population pouvait avoir beaucoup changé depuis 1832. Les bases du calcul primitif étaient ainsi absolument faussées en 1875. La nécessité de soumettre ces tarifs à une première révision s'imposait donc par de sérieuses considérations à la suite de l'augmentation que nous venons de signaler. Cette réforme était absolument juste et équitable. L'anomalie était en effet d'autant plus choquante que des 50 villes qui, antérieurement au 1er juillet 1875, étaient placées sous le régime de la Taxe Unique, plusieurs étaient redimées depuis l'origine, depuis 1832. Eut-il été juste que dans ces villes redimées de longue date, la taxe soit moins élevée, étant donnée la même situation, que dans une autre ville non redimée jusqu'en 1875 et que cette dernière loi allait obliger à accepter le système antérieurement absolument facultatif ? Le législateur devait par la force des choses, être amené à remédier à un résultat aussi inique. Aussi, M. Gouin, résumant le but de la réforme, a dit avec raison : « Ce qui domine surtout dans cette question, c'est le privilège d'égalité appliqué à tous » et il ajoutait : « Le prix de la vente en détail tel qu'il est connu pour les trois dernières années entrant pour une large part dans la fixation de la Taxe Unique des villes nouvellement redimées et ce prix étant considéré comme plus élevé aujourd'hui qu'il ne l'était il y a 20 ou 30 ans, personne ne saurait se plaindre de l'application à tous du même principe, aussi bien aux vil'es anciennement redimées qu'à celles qui vont l'être aujourd'hui. Sans doute ce remaniement des taxes produira un accroissement de recettes dans les villes actuellement sujettes, mais nous avons raison de dire qu'il n'y a pas là augmentation d'impôt, mais seulement rigoureuse et équitable application de l'impôt existant ». La révision devait en effet procurer au Trésor suivant les calculs du rapporteur une augmentation d'au moins 2 millions 1/2. Ces prévisions ont de beaucoup été dépassées. Dès 1878 le Gouvernement estimait qu'appliqués aux quantités imposées en 1877 les nouveaux tarifs auraient donné un bénéfice de 9 000.000. Depuis le droit de détail n'ayant fait que s'accroître, l'augmentation serait encore aujourd'hui infiniment plus considérable.

Le législateur devait ainsi assurer la revision des tarifs, mais il pouvait craindre de trouver de la résistance de la part de certaines villes qui eussent peu compris l'augmentation soudaine qui se serait produite dans le droit de Taxe Unique. Cette crainte n'était certes pas vaine. Il était facile de concevoir que si le système de 1832 restait, comme par le passé, entièrement facultatif pour toutes les villes, les conseils municipaux auraient été tentés de revenir au régime général toutes les fois que la revision aurait eu pour effet d'augmenter le tarif au-delà de certaines limites et il eût pu arriver que l'exercice dût être rétabli précisément dans les plus grands centres où il eût été plus difficile à assurer. Ce fut l'une des raisons pour lesquelles fut décidée l'obligation pour les villes les plus importantes : « La nécessité de la revision nous conduit nécessairement, a dit Léon Say lors de la discussion, à l'obligation. » C'est là, sans doute, une raison beaucoup moins importante que celle que nous avons fait connaitre précédemment : il était cependant utile de la rappeler.

Mais il ne suffisait pas d'établir une revision générale ayant pour but de mettre tous les contribuables sur le même pied d'égalité au lendemain de l'application de la loi de 1875 : si les taxes de remplacement issues de cette revision avaient été pour l'avenir considérées comme immuables, les éléments de population, de consommation en détail venant à changer dans un temps plus ou moins éloigné, on se serait exposé à consacrer et à perpétuer des injustices soit aux dépens du consommateur, soit aux dépens du Trésor suivant les cas. C'est pour remédier à ce résultat si critiquable que fut proposée et acceptée, à côté de la revision générale devant suivre le vote de la loi de 1875, une revision périodique de 5 en 5 ans, à partir de 1er janvier 1879 (articles 4 et 5) : « Le tarif de la Taxe Unique sera revisé périodiquement dans toutes les villes rédimées.... ; les revisions auront lieu successivement de 5 en 5 ans ». Le législateur maintenait ainsi entre les villes soumises à ce régime, dans la mesure du possible, l'égalité devant l'impôt qui doit toujours présider à ses actes ; c'était là une excellente mesure, comblant une lacune importante des lois antérieures. Nous devons ajouter que cette revision quinquennale s'applique à toutes les villes rédimées, qu'elles le soient volontairement ou facultativement.

La revision périodique est faite d'après une double base :

1° D'après le prix moyen de la vente en détail.

2° D'après les quantités vendues par les débitants (Article 4, loi de 1875).

Le prix moyen de la vente en détail est celui qui est constaté dans l'arrondissemet pendant les trois dernières années. C'est donc l'arrondissement qui doit être pris comme base d'appréciation.

Le calcul doit porter, pour chacune des périodes annuelles, sur toutes les quantités imposées au droit de détail et est effectué par hectolitre.

Quand au second élément, il suffit pour le déterminer de rechercher quelles ont été, dans l'agglomération, durant les trois périodes annuelles, les quantités totales assujetties à la taxe unique et celles qui ont été spécialement imposées à la charge des débitants ou qui, sous le régime ordinaire, seraient passibles du droit de détail. Ce rapport entre les quantités reçues par les débitants et les quantités reçues par les récoltants ou les simples particuliers est l'élément le plus important de la révision. Aussi est-il essentiel que ces quantités soient déterminées séparément avec une grande exactitude. A cet effet les registres de perception dans les bureaux d'entrée et dans les recettes buralistes du lieu sujet donnent pour chaque chargement déclaré, venant du dehors ou d'un entrepôt de l'intérieur, la distinction très précise. L'article 4 de la loi de 1875 dit à ce sujet : « Les quantités vendues par les débitants seront celles relevées d'après les expéditions et sur les registres des contributions indirectes, en prenant la moyenne des trois dernières périodes annuelles. »

La première révision périodique devait s'effectuer à la fin de l'année 1878 et les nouveaux tarifs en résultant devaient être appliqués au 1er janvier 1879. Mais la loi de finances du 22 décembre 1878 décida la suspension de cette révision. Il a paru convenable de la reprendre en 1880 et de la faire coïncider avec les dégrévements accordés sur les droits d'entrée et de détail, le système de la révision quinquennale ordonné par la loi du 9 juin 1875 étant d'ailleurs maintenu et devant recommencer son cours à partir du 1er janvier 1881. La révision a ainsi été opérée en tenant compte de la fixation nouvelle de ces deux droits, d'après les résulats des trois années 1877, 1878 et 1879 comptées des arrêtés de Décembre aux arrêtés de Décembre. Le maximum fixé par la loi du 19 juillet 1880 pour les villes de 10.000 âmes et au-dessus a reçu en même temps sa première application.

4° Paiement de la Taxe Unique. — Formalités introduites pour en assurer le recouvrement.

La Taxe Unique a pour résultat de rendre payables immédiatement, à l'entrée des boissons ou à la sortie des entrepôts intérieurs, les droits du Trésor ; il suit de là que le premier effet de la mise en vigueur de ce régime est l'exigibilité de la Taxe sur toutes les boissons trouvées chez les débitants. La suppression de l'exercice rend nécessaire en effet puisqu'avec lui disparait tout crédit des droits, la constatation immédiate du droit de consommation sur les alcools et de la Taxe représentative du droit de détail sur les vins, cidres, poirés et hydromels possédés par les détaillants. A cet effet il doit être fait un recensement de tout ce qui est en magasin. Le décompte du complément de la Taxe Unique s'établira en multipliant les quantités reconnues chez chaque débitant par la quotité de cette taxe, déduction faite du droit d'entrée. Ainsi par exemple dans une commune où le droit d'entrée est de 3 fr. par hectolitre et où la Taxe Unique sera de 9 fr. on multipliera la quantité reconnue lors de l'exercice final par 6 fr. Les débitants doivent de même, puisqu'ils rentrent dans la classe des simples consommateurs, payer le droit de circulation qui reste en dehors de la Taxe Unique. — Si par contre la Taxe Unique venait à être supprimée dans une ville de moins de 10000 âmes (loi de 1875), il y aurait lieu de proposer en leur faveur, à la suite de l'inventaire général, le remboursement de la Taxe Unique, moins le droit d'entrée, et du droit de circulation sur les vins, cidres, poirées et hydromels. — Les débitants entrepositaires sont aussi obligés de payer lors de l'établis- de la Taxe Unique la totalité des droits sur les boissons existant à leur charge ; mais ils peuvent continuer à jouir de l'entrepôt en prenant une licence de marchand en gros.

La Taxe Unique est perçue à l'entrée de la ville par les bureaux d'Octroi ou, dans le cas où l'Octroi aurait été sup- primé, par des agents spéciaux délégués par l'Administra- tion des Contributions Indirectes. Pour les marchands en gros, elle est acquittée au fur et à mesure de leurs ventes au moment où ils se présentent dans les recettes buralistes pour prendre les expéditions nécessaires à l'enlèvement des boissons. Mais ce recouvrement tardif de la taxe est une exception nécessitée par la faculté d'entrepôt que le légis- lateur ne pouvait supprimer sans porter un coup mortel au commerce de gros. La règle est que la Taxe Unique est exigible, en totalité, avant l'introduction des boissons dans le lieu rédimé et sans déduction des droits payés à l'enlè- vement ou précédemment acquittés dans les lieux d'expé- dition sujets ou non sujets. Toutefois une circulaire du 22 mai 1832 est intervenue pour mettre quelque modération à ce principe, afin d'éviter les demandes en remboursement et les plaintes qu'eût soulevées une telle exigence. C'eût été en effet faire acquitter à ces boissons les mêmes droits à deux reprises différentes et faire supporter aux expéditeurs les conséquences d'une faute qui, dans la plupart des cas, aurait été imputable aux receveurs-buralistes de la Régie. Cette circulaire recommande donc, au cas d'erreur, de ne percevoir sur ces boissons, à l'arrivée dans les villes à Taxe Unique, que la différence entre la taxe de remplacement et le droit de détail perçu mal à propos au lieu d'enlèvement. Mais depuis les modifications apportées à la Taxe Unique par la loi de 1841, il est rare que de telles erreurs se présentent.

La Taxe Unique une fois perçue reste acquise en tout état de choses, dès que l'introduction chez le destinataire est un fait consommé. C'est que la Taxe Unique, de même que le simple droit d'entrée, est intégralement une taxe spéciale et locale. Il en résulte que lorsque des vins ayant payé la Taxe Unique sont ensuite envoyés au dehors, ces vins tombent sous l'application de la législation générale et s'ils vont à destination d'un débitant (ce débitant fût-il expéditeur lui-même), ils doivent être soumis à la prise en charge et au paiement des droits, sans qu'il puisse être tenu compte d'aucune partie de la Taxe Unique antérieurement perçue. (Lettre de l'Administration du 5 juillet 1865).

Jusqu'où s'étend la perception de la Taxe Unique ? Nous avons dit précédemment, en étudiant les conditions d'établissement de la Taxe Unique, ce qu'il fallait entendre par agglomération. Mais, malgré toute la précision qu'a mis la circulaire de l'Administration à préciser la portée de cette expression, des difficultés ne s'en sont pas moins élevées relatives au rayon dans lequel la taxe doit être perçue.

Le débitant de boissons établi dans les faubourgs des villes redimées sont-ils en effet assujettis aux exercices et visites des employés ? La circulaire n'avait pas résolu la question et des difficultés s'étant élevées entre les agents du fisc et les contribuables, c'est un arrêt du 4 avril 1840 qui est venu la trancher. Il a décidé que le débitant de boissons dont la maison ne forme pas une dépendance rurale, mais bien une annexe aux faubourgs d'une ville redimée, est soumis au paiement de la Taxe Unique et dispensé des exercices. Il était au reste bien difficile d'apporter sur ce point une solution définitive : tout dépend de la situation topographique et c'est en somme une question d'espèce. Toutefois il est un point qui ne laisse aucun doute : il résulte de l'arrêt de 1840 et du texte de la loi que la Taxe Unique ne doit pas être payée par les débitants établis en dehors de l'agglomération, c'est-à-dire dans les dépendances rurales absolument isolées de la ville. Cette exclusion est facile à expliquer. Dans le système de la Taxe Unique, la portion du tarif qui représente le droit de détail est calculée, de telle sorte, que payée à la fois par les récoltants, les simples consommateurs et les débitants, elle donne l'équivalent du droit de détail précédemment perçu à la charge des seuls débitants. Or les récoltants et les simples consommateurs domiciliés en dehors des agglomérations des villes n'acquittent ni le droit d'entrée, ni la taxe représentative du droit de détail. Le régime de la Taxe Unique ne pouvait par suite y être étendu aux débitants et ceux-ci restent nécessairement soumis aux exercices. Au reste il y eut eu une véritable impossibilité à percevoir la Taxe Unique sur des populations éparses, situées en dehors des bureaux d'octroi : la fraude eut été considérable.

En résumé le rayon de la Taxe Unique est limité à la ville et aux faubourgs qui en sont les annexes : telle est la Jurisprudence sur cette question.

Mais il peut arriver que dans une ville redimée les bureaux de perception ne soient pas placés à l'extrémité de la limite du lieu sujet, mais à une certaine distance de cette limite. Les boissons rencontrées au moment où on les amène à l'intérieur sont-elles saisissables ? Un arrêt du 8 décembre 1837 a établi en leur faveur une présomption légale que ces boissons ont acquitté la Taxe Unique à l'arrivée si l'on prouve les avoir enlevées non de l'extérieur de l'agglomération, mais de la partie sujette extérieure au bureau. Cette solution est équitable, mais il faut bien reconnaître que dans les villes où les bureaux de perception sont ainsi situés assez loin dans l'intérieur de l'agglomération, la perception de la Taxe Unique doit-être bien compromise, malgré la surveillance active du service, par la constitution dans ces faubourgs de dépôts alimentés par des introductions frauduleuses. Toutefois même dans ce cas les conducteurs de ces chargements doivent représenter au service le titre représentatif du paiement du droit de circulation qui depuis 1841 reste en dehors de la Taxe Unique.

Comment est assuré le recouvrement de la Taxe Uni-

que ? Avant la loi du 9 juin 1875, sous l'empire des lois antérieures, les vins, cidres, poirés et hydromels, expédiés du dehors à destination des villes rédimées, circulaient en vertu de congés comportant la perception du droit de circulation (simples particuliers et débitants), soit en vertu de passavants (récoltants). Mais ces titres de mouvement ne devant pas nécessairement être représentés par les destinataires, les introductions en fraude de la taxe de remplacement étaient bien facilitées. La loi de 1875 a jugé indispensable de remédier à ces graves abus : pour cela elle a substitué au titre précédent l'acquit-à-caution, formule qui implique un engagement permettant d'actionner les expépéditeurs dans le cas où les boissons ne seraient pas régulièrement déclarées à l'arrivée. Elle spécifie dans l'article 6 : « que les vins et assimilés expédiés du dehors à des villes placées sous le régime de la Taxe Unique ne pourront à l'avenir circuler qu'en vertu d'acquits-à-caution. »

L'acquit-à-caution était au reste déjà exigé pour les boissons hygiéniques adressées dans les villes rédimées à destination d'un marchand en gros ; cette règle était de même adoptée en ce qui concerne les spiritueux à la même destination. Le législateur n'a donc fait que généraliser cette mesure pour tous les envois à destination des villes de cette catégorie et quel que soit le destinataire (récoltant, simple particulier, débitant), absolument comme cela a lieu pour tous les envois à destination de Paris.

Cette disposition de la loi de 1875 a eu pour but de suivre les vins depuis leur départ jusqu'à leur arrivée et de

permettre à la régie de s'adresser aux expéditeurs dans le
cas où les boissons n'auraient pas acquitté les droits à l'arrivée. Mais ce n'était pas là le seul but que se proposait le
législateur : s'il a exigé l'emploi obligatoire de ce titre,
c'est afin de seconder la revision, de lui donner des bases
sérieuses. Avec le congé et le passavant, il était pour ainsi
dire impossible, ou au moins très difficile aux employés de
se rendre un compte exact des quantités consommées et
chez les particuliers et chez les débitants. Les éléments de
fixation de la taxe étaient donc forcément bien incomplets
et par suite pouvaient amener des inégalités regrettables.
Le législateur établissant la revision périodique pour assurer l'égalité entre les villes rédimées ne pouvait se désin-
téresser d'une telle question. M. Gouin disait en 1875 :
« la revision n'a d'autre but que la réalisation de ce principe : que chacun ne paie que ce qu'il doit, et ce but sera
d'autant plus sûrement atteint que l'adminstration aura la
possiblité de réunir des documents précis et certains sur
les produits consommés dans les villes, tant sur l'importance des boissons consommées que sur la nature des consommations. » L'acquit-à-caution devait complètement satisfaire à ces vues. Grâce à lui, les employés peuvent se
rendre un compte exact, à condition que les registres élé-
mentaires de perception soient tenus conformément aux
instructions de l'administration, des quantités consommées
par les simples particuliers et de celles consommées chez
les débitants. Ils ont ainsi de très précieux renseignements
pour la revision quinquennale, dont la principale base,

nous l'avons déjà vu, consiste dans le rapport entre les quantités consommées par ces deux catégories de contribuables.

Aussi M. Gouin concluait-il : « L'acquit à caution obligatoire à sa raison d'être ; il est nécessaire pour permettre de savoir exactement les quantités de vin qui ont été consommées chez les débitants et chez les particuliers. Il est important que l'on puisse dans 3 ou 5 ans, avoir à ce sujet des données précises. C'est ce que l'acquit à caution obligatoire permettra d'établir sûrement.. »

L'acquit à caution obligatoire s'imposait donc par de sérieuses considérations : non seulement il devait permettre de faciliter la revision, mais surtout il assurait le payement de la Taxe Unique. Cette extension n'en a pas moins soulevé en 1875 de violentes critiques de la part des propriétaires récoltants. M. Clapier s'en est fait l'interprète devant la Chambre lors de la discussion de la loi : « L'acquit à caution. c'est là, a t-il dit, un petit mot mais c'est une grande chose qui bouleverse complètement le système actuel et qui soumet les propriétaires à une responsabilité énorme et difficile. Actuellement je vends mon vin et je dis à mon acheteur, le reste vous regarde : allez prendre votre permis de circulation et vous introduirez votre vin en ville, soit dans un entrepôt, si vous jugez convenable de le mettre en entrepôt, soit pour le détail, si vous jugez convenable de l'avoir pour le détail. Désormais ce sera bien différent ; on nous place dans la même situation que le pro-

priétaire qui fait des eaux-de-vie et qui est exercé. Il a besoin pour faire décharger son compte de produire un acquit
à caution déchargé. c'est-à-dire de prouver que l'eau-de-
vie sortie de chez lui est entrée dans un entrepôt et a payé
le droit. Si vous adoptez les dispositions projetées, il en
sera de même pour le propriétaire vendant ses vins ; il sera
obligé de dire à son acheteur : Je vous vends le vin que
vous me demandez, mais comme je serai obligé de justifier
que ce vin que j'ai vendu chez moi a bien reçu sa destination, qu'il est bien entré dans votre entrepôt, que votre entrepôt en a été chargé ou qu'il a acquitté les droits, vous
serez obligé de me rapporter la décharge de l'acquit à caution qui m'est imposée, car si vous ne le rapportez pas,
si vous faites des fraudes dans l'intervalle, je serai responsable. C'est cette responsabilité contre laquelle je proteste. »
M. Gouin, rapporteur de la loi, lui répondit : « L'acquit à
caution est déchargé à l'entrée des villes, au moment du
payement des droits. Par conséquent le propriétaire n'a
plus à s'inquiéter si le destinataire a rempli les formalités
éxigées par l'acquit à caution. »

Cette réponse était certes un peu optimiste. La
responsabilité du propriétaire peut être facilement enga-
gée et peut entrainer contre lui le recours de l'Admi-
tration. Cependant le législateur, dans l'intérêt de la bonne
rentrée de l'impôt, pour lutter contre la fraude, a passé
outre à ces justes critiques : l'acquit à caution est devenu
obligatoire pour tous les envois de boissons faits aux
villes rédimées. L'Administration est seulement intervenue

pour simplifier aux propriétaires récoltants l'accomplissement des formalités nouvelles. Tout acquit doit en effet être cautionné ; cette nécessité pouvait présenter des inconvénients graves pour certains propriétaires éloignés de leur répondant. Aussi a-t-il été convenu qu'il leur suffirait de fournir l'engagement annuel d'une personne solvable qui cautionnerait toutes leurs obligations : l'Administration les a ainsi dispensés de fournir une caution pour chaque acquit. Cet acte doit être renouvelé chaque année avant la délivrance du premier acquit réclamé par le récoltant. S'il ne remplit pas cette formalité, il est astreint à fournir une caution solvable pour chaque expédition, en un mot il retombe sous le droit commun. Disons qu'aujourd'hui l'Administration étendant l'application de la circulaire n° 157, a donné cette autorisation aux marchands en gros qui peuvent désormais souscrire pour les acquits à caution un engagement annuel.

Les acquits-à-caution de vins, cidres, poirés, hydromels, comme ceux délivrés pour les spiritueux, sont retirés des mains des voituriers et retenus par les receveurs aux entrées lors de l'acquittement des droits exigibles ; on leur délivre en échange pour accompagner les chargements jusqu'à la destination définitive un congé-quittance qui constitue un véritable titre de mouvement. La décharge des acquits est faite par les employés de la Régie qui les prennent dans les bureaux d'octroi après s'être assurés du paiement des droits.

Le droit de circulation, nous le savons déjà, est perçu

en même temps que la Taxe Unique, à l'entrée. Toutefois les boissons introduites à destination des propriétaires récoltants donnent lieu au paiement seul de la Taxe Unique à l'exclusion du droit de circulation dont ces propriétaires sont affranchis lorsque le transport est effectué dans le rayon de franchise. Cette exemption est restreinte aux transports de vins, cidres, poirés (pas l'hydromel) que fait effectuer ce récoltant de son pressoir public à ses caves ou celliers ou de l'une à l'autre de ses caves, dans l'étendue du canton où la récolte a été faite et des communes limitrophes de ce canton, que celles-ci soient ou non du même département (art. 28 du décret du 17 mars 1852). Le rapporteur de la loi de 1875 a nettement reconnu cette exemption, à la suite d'une confusion faite par M. Guichard qui assimilait pour le paiement du droit de circulation les propriétaires aux simples consommateurs : « Le projet de loi qui vous est soumis, lui a-t-il dit, accorde toujours, comme par le passé, l'exemption du droit de circulation au propriétaire qui consomme son vin. c'est-à-dire au consommateur auquel M. Guichard s'intéresse à juste raison. »

Ces mêmes propriétaires ne paient même aucun droit, pas plus le droit de circulation que le droit de taxe unique, pour les boissons « dites piquettes » (demi-vin, trèvin, petit vin, petit cidre) fabriquées à l'intérieur du lieu sujet avec de l'eau jetée sur de simples marcs sans pression et présentées à l'inventaire, à moins qu'elles ne soient déplacées pour être vendues en gros ou en détail (art. 42 de la loi du 28 avril 1816). Il résulte des dispositions de cet article que l'exemption de tous droits n'est pas accordée aux boissons de même espèce introduites dans les villes redimées après avoir été fabriquées par les propriétaires récoltants au dehors. Une telle extension aurait donné lieu aux abus les plus graves. Il aurait été impossible. les employés ne pénétrant pas chez les propriétaires récoltants dans les campagnes et ne pouvant par conséquent assister à la fabrication des piquettes. de reconnaître. lors de leur introduction. si elles provenaient ou non d'eau jetée sur de simples marcs sans pression : ce n'est en effet que dans les villes de 4.000 âmes et au-dessus que les récoltants sont assujettis à l'inventaire et au récolement pour les boissons qu'ils introduisent du dehors ou qu'ils fabriquent à l'intérieur. On ne pouvait par contre se fier à la parole du conducteur. D'où nécessité dans ce cas d'exiger le droit entier, sauf le droit de circulation. Cette solution admise par une circulaire du 15 octobre 1847 (n° 29) pour les villes soumises au droit d'entrée. a été étendue en 1832 aux villes soumises à la taxe unique. qui comprend ce droit.

Les droits de taxe unique sont en règle générale acquittés à l'entrée dans les villes redimées, lors de la présentation des acquits-à-caution qui ne sont déchargés que sur la vérification du paiement : c'est ce qui ressort de l'étude précédente. Mais le législateur devait par la force des choses porter une exception à ce principe : il ne pouvait, en offrant aux villes cette combinaison. en donnant à leurs débitants une situation plus avantageuse sous la condition qu'ils acquitteraient les droits à l'entrée au lieu de les acquitter au fur et à mesure des ventes comme sous l'exercice, imposer ce même régime aux distillateurs et aux marchands en gros, les mettre dans une situation plus défavorable que dans les campagnes, les priver en un mot du bénéfice de l'article 31 de la loi du 28 avril 1816 qui leur donne la faculté d'entrepôt. C'eût été entraver le commerce de gros, en lui enlevant des sommes considérables dont il eût dû faire l'avance, au détriment de tous les consommateurs bien entendu. Le législateur ne pouvait sacrifier cette classe d'intermédiaires. Aussi leur a-t-il expressément concédé dans le 1er alinéa de l'article 38 de la loi de 1832 la faculté qui leur permet de jouir du crédit des droits sur les boissons qu'ils ont en magasin : « Dans les villes sujettes à la taxe unique, la faculté d'entrepôt sera accordée aux distillateurs et aux marchands en gros, aux conditions prescrites par les art. 32, 35, 36 et 37 de la loi du 28 avril 1816 ». Rien n'est donc changé dans l'application de ces dispositions.

L'entrepositaire ne paie le droit de Taxe Unique et de circulation pour les boissons hygiéniques, comme le droit de consommation sur les alcools qu'au moment où les marchandises entrent dans la consommation, c'est-à-dire au moment de la vente. Nous ne pouvons mieux faire pour montrer les conséquences de l'entrepôt, qui constitue une exception au principe fondamental de la Taxe Unique : acquittement immédiat des droits, que de citer les paroles du Procureur Général Dupin à la Cour de Cassation à l'occasion de l'arrêt du 29 janvier 1836 : « L'entrepôt, disait-il, n'est pas un moyen de s'affranchir des droits, mais un moyen de favoriser le commerce. C'est un lieu de sequestre, à portée de la vente, mais qui n'est pas encore la vente ; c'est une fiction qui fait considérer l'entrepôt comme hors barrière, quoiqu'il soit dans les villes, parce que les marchandises n'y sont qu'en état de dépôt, de réserve. La fiction ira aussi loin que la réalité si l'on veut, mais elle ne peut jamais aller au delà. Comparez l'entrepositaire au négociant en vins venant du dehors, qui veut introduire des boissons dans la consommation intérieure ; la barrière, pour ce dernier, est aux murs de la ville ; pour l'entrepositaire aux murs de son entrepôt ; dès que cette barrière est franchie par l'un comme par l'autre, il y a entrée dans la ville et par conséquent obligation d'acquitter le droit. »

Le paiement du droit est ainsi purement retardé : il y a simple crédit de la part de l'Etat. Si l'entrepositaire vend à l'intérieur de la ville, il doit immédiatement acquitter le droit de Taxe Unique et le droit de circulation en prenant un congé, à moins toutefois que l'acheteur ne soit lui-même entrepositaire auquel cas le crédit des droits serait encore accordé. Il est alors délivré un acquit-à-caution à l'expéditeur et le destinataire demande un bulletin d'entrepôt. Quant aux livraisons faites à l'extérieur de la ville, les entrepositaires doivent se munir d'une expédition qui varie suivant la qualité du destinataire et le mode de perception en vigueur dans le lieu de destination et faire constater la sortie des boissons afin d'en obtenir décharge : dans ce cas en effet les boissons sont censées n'être jamais entrées dans

la ville et par suite ne paient pas les droits. C'est cette
distinction suivant la destination que faisait connaître M.
Dupin : « Les boissons qui sortent de la ville peuvent avoir
deux destinations ; elles peuvent en sortir pour retourner
au dehors ; alors elles n'ont jamais dû de droit puisque
leur passage dans l'entrepôt n'a été qu'un passage momen-
tané et de dépôt ; mais réciproquement si elles en sortent
pour être livrées à la consommation intérieure dès ce moment le droit est dû. » Telle est la fiction, l'exception que
devait admettre le législateur dans l'intérêt du commerce
en gros, en imposant toutefois une condition nécessaire à
la sauvegarde des droits du Trésor : le cautionnement. C'est
ce qui est dit dans l'article 38 (2e partie) de la loi de 1832 :
« Les distillateurs et marchands en gros devront présenter
une caution solvable qui s'engagera solidairement avec
eux au paiement des droits sur les boissons qu'ils ne justi-
fieraient pas avoir fait sortir du lieu. » La faculté d'entrepôt
est aussi accordée aux mêmes conditions, aux propriétaires récoltants. L'article 39 de la loi de 1832 leur a concédé
ce droit : « Les récoltants de vins, de cidres, de poirés,
domiciliés dans les villes, pourront obtenir l'entrepôt pour
les produits de leur récolte, quelqu'en soit la quantité. »

Les débitants forains qui viennent s'établir momenta-
nément dans une ville rédimée, se réservant de faire sortir,
sans avoir à acquitter les droits, les quantités restées inven-
dues, sont assimilés aux entrepositaires. Lors de l'introduction, les vins, cidres et spiritueux conduits sur le champ
de foire par ces assujettis, donnent lieu à la délivrance de

passe-debout avec cautionnement ou consignation de tous les droits exigibles (circulation, consommation, Taxe Unique, octroi). Le service suit les ventes par des recensements et reconnaît les restes. Il établit ainsi les droits dûs et lors de la cessation de la vente, au vu de la quittance constatant le paiement des droits sur les quantités vendues, les boissons restantes sortent sans payer de droits et s'il y a eu consignation, pour garantir le paiement, les sommes consignées sont immédiatement restituées. La situation de ces débitants est en somme la même que celle des débitants soumis à l'exercice.

Nous venons de voir comment est assuré et à quel moment a lieu le paiement des droits dans une ville à Taxe Unique. Supposons donc que ces droits une fois payés, la boisson se déplace à nouveau dans l'intérieur de la ville rédimée, le droit de Taxe Unique sera-t-il dû? Cette solution n'eût pas été admissible ; une fois que la Taxe Unique (droit d'entrée et droit de détail) a été payée, tout est fini ; le droit de circulation, qui est indépendant depuis 1841, reste seul exigé. C'est cette solution qu'admet la circulaire n° 172 du 3 septembre 1875 : « Dans l'intérieur des villes rédimées, des déplacements de vins ou de cidres effectués à destination du lieu lui-même peuvent entraîner la perception du droit de circulation sans donner ouverture au paiement de la Taxe Unique. Il en est ainsi des enlèvements de vins ou de cidres expédiés par un simple consommateur, un récoltant ou un débitant non entrepositaire à destination d'un autre consommateur, récoltant ou débitant. » Bien entendu la question ne pouvait se poser pour les entrepositaires qui, jouissant du crédit des droits, doivent acquitter les droits de Taxe Unique au premier déplacement dans l'intérieur du lieu sujet. Toutefois une exception est portée, par tolérance spéciale de l'Administration, à cette règle que tout transport effectué dans l'intérieur d'une ville rédimée donne à nouveau lieu au paiement du droit de circulation. On peut dans ces villes faire circuler librement six litres de vin au plus. Dans les campagnes cette tolérance est limitée à trois litres. La même exception s'étend aux déménagements quelle que soit la quantité de boissons transportées.

Lorsque les boissons ne font que traverser le lieu sujet à la Taxe Unique ou y séjourner moins de 24 heures, le conducteur est tenu en principe de consigner les taxes locales au bureau d'entrée. Le bureau de sortie lui rembourse, après vérification, le montant de cette consignation. Mais dans la pratique on agit autrement : on délivre moyennant caution un passe-debout qu'on remet au bureau de sortie. Si le passe-debout n'est pas remis, les droits sont répétés sur le soumissionnaire et son répondant.

Telles sont en résumé les principales formalités destinées à assurer le paiement des droits du Trésor dans les villes soumises au régime de la Taxe Unique ; bien appliquées, elles permettent d'assurer une rentrée très exacte de l'impôt et rendent la fraude assez difficile. Le service, qui n'a pas la possibilité de reprendre par l'exercice les quantités qui auraient échappé à l'impôt au moment de l'entrée dans les villes, doit les seconder par une surveillance active et incessante sur les introductions frauduleuses. A ce prix la Taxe Unique peut produire au point de vue fiscal d'excellents résultats.

CONSÉQUENCES
DU RÉGIME DE LA TAXE UNIQUE

Dans les chapitres précédents nous avons vu comment est établie et acquittée la Taxe Unique : nous sommes ainsi naturellement amenés, comme conclusion à cet examen des lois qui se sont succédées sur la matière, à examiner les conséquences de la Taxe Unique. Elles sont au nombre de trois :

a) Rapport du droit de détail sur tous les habitants ;

b) Suppression de l'exercice ;

c) Paiement immédiat des droits : suppression du crédit fait aux débitants sous le régime de droit commun.

Dans les villes placées sous le régime général de perception de l'impôt des boissons, les vins, cidres et poirés supportent des droits qui varient suivant la qualité des consommateurs. Les récoltants n'ont à payer que le droit d'entrée dont le tarif varie suivant la classe du département et la population des communes. Les simples particuliers qui s'approvisionnent en gros paient en outre un droit de circulation. Les débitants acquittent le droit d'entrée et le droit de détail qui est en principal de 12 fr. 50 pour cent du prix de vente.

C'est ce régime que la Taxe Unique fait disparaître. Toute différence, suivant qu'il s'agit de boissons expédiées à un simple consommateur ou à un débitant est abolie. L'impôt est absolument nivelé pour tous ; tous paient le même droit : d'une part le droit de circulation, d'autre part le droit de Taxe Unique qui n'est que la combinaison, nous le savons déjà, des droits d'entrée et de détail et qui est calculé de manière à produire l'équivalent de ces droits, moins les sommes acquittées par les débitants à titre de droit de circulation. Seuls les récoltants jouissent de la franchise du droit de circulation.

Le premier résultat de la Taxe Unique est donc d'alléger l'impôt pour les débitants et de l'augmenter pour les particuliers s'approvisionnant en gros ainsi que pour les récoltants.

Nous ne voulons pas pour l'instant apprécier les conséquences de ce dégrèvement accordé aux débitants au point de vue Economique, nous avons voulu seulement examiner la situation nouvelle que fait aux villes le système de 1832. Or cette situation est des plus regrettables. Tandis que sous le régime de droit commun le droit de détail est seulement payé par la consommation du cabaret, dans les villes redimées il est payé par tous les habitants quel que soit leur mode d'approvisionnement. Il en résulte pour eux une aggravation d'impôt assez importante pour donner lieu aux critiques les plus sévères.

Les débitants ne payant plus le droit de détail confondu dans la Taxe Unique, l'exercice devenait inutile : cette suppression est la deuxième conséquence de l'établissement de la combinaison réglementée par la loi de 1832.

Il nous faut dire que ce sont les débitants seuls qui bénéficient de cette disparition et encore à condition qu'ils n'aient pas obtenu l'entrepôt.

Cette faculté ne leur est plus concédée, dans les villes à Taxe Unique, qu'en présence d'exigences commerciales bien démontrées et par l'Administration elle-même, sur des propositions spéciales appuyées des renseignements et explications nécessaires (C. n. 226 du 19 déc. 1877). En ce cas ils jouissent du crédit des droits au même titre que les marchands en gros et restent par contre comme eux soumis aux exercices du service, qui s'opèrent sous la forme des recensements. Le crédit des droits a en effet pour condition première, *sine qua non*, le pouvoir donné aux agents de la Régie de pénétrer chez le particulier pour assurer la perception de l'impôt perçu seulement lors de la vente. Les débitants non entrepositaires, payant les droits à l'arrivée, pouvaient seuls en être dispensés. Toutefois une exception est apportée à cette règle ; elle atteint les marchands en gros entrepositaires établis dans les villes redimées qui exploitent en même temps un débit de boissons. Ils sont dans l'obligation de déclarer les boissons qui se trouvent dans leur magasin de détail et bien que les locaux soient séparés, la surveillance du service doit s'étendre jusque sur ce lieu. Il a même été jugé qu'ils ne peuvent exercer, en même temps la profession de débitants de boissons, même dans les villes à Taxe Unique, sans être tenus de déclarer et de soumettre aux visites et exercices des employés toutes les boissons qu'ils

possèdent, y compris celles existant dans leur débit (1-2).
Cette obligation a toutefois été contestée depuis que l'article 7 de la loi du 19 juillet 1880 a autorisé les marchands en gros à avoir des débits, à la condition qu'il y ait séparation par la voie publique. Nous devons ajouter que dans la pratique, par tolérance de l'administration, cette règle rigoureuse n'est pas appliquée et que ces commerçants en gros, en même temps détaillants, sont dispensés de l'exercice pour leur détail.

Mais est-ce à dire que les débitants non sujets à l'exercice échappent par suite à toute surveillance des agents des Contributions Indirectes ? Là évidemment n'a pas été l'idée du législateur. S'il a voulu libérer le débitant de l'exercice il n'a pas entendu le libérer de tout contrôle de la Régie. Une liberté aussi complète eût gravement compromis les droits du trésor. Aussi tous les projets qui se sont succédés pour demander la suppression de l'exercice, ne parlent-ils jamais d'abolir les visites. Dans le projet déposé tout récemment à la Chambre par M. Caillaux, le Ministre des Finances s'exprime ainsi sur la nécessité de maintenir ce moyen de surveillance : « Les débitants doivent-ils, libérés de l'exercice, échapper à toute surveillante des agents du fisc ? Nous ne le pensons pas. Alors que le service peut pénétrer librement chez un épicier pour y rechercher quelques boîtes d'allumettes, n'y aurait-il pas une

(1) Cassation, 29 mars 1844 (Trescaze chr. 1844, 1, 555).
(2) **Cassation,** 7 févr. 1845 (Trescaze chr. 1845, 1, 600).

anomalie singulière à lui interdire l'accès des débits de boissons où les intérêts à sauvegarder sont bien plus importants ? Nous ne faisons pas seulement allusion ici à la surveillance qu'il est nécessaire d'exercer, au point de vue fiscal, sur les divers produits soumis à l'impôt ; nous voulons parler encore et surtout de l'application des lois qui intéressent la santé publique. Si toute intervention dans les débits lui était interdite, comment ce service pourrait-il prévenir la fabrication et la vente des vins artificiels, y combattre le mouillage et l'alcoolisation des vins, etc. ? Il n'est pas douteux que la fraude sous toutes ses formes, aussi bien la fraude commerciale que la fraude fiscale, ne tarderait pas à y prendre une grande extension. Nous estimons donc qu'il est indispensable de laisser aux employés des contributions indirectes non pas certes un droit d'exercice, mais un droit de contrôle sur les opérations des débitants. » Ajoutons que ce droit de visite n'a jamais soulevé de critique, et il faut bien reconnaitre qu'avec les conditions exigées de l'article 237 de la loi de 1816 il ne peut en faire naitre. Tandis en effet que l'exercice est sinon journalier, au moins fréquent, qu'il y est procédé par des employés de tous grades et sans assistance de magistrats, la visite ne peut se faire qu'à des intervalles relativement éloignés puisqu'elle n'a lieu qu'en cas de soupçon de fraude et avec des formalités spéciales que nous étudierons par la suite.

Telles sont les raisons qui, au cas où l'exercice est supprimé, commandent de réserver au service le droit de

visite. Le législateur de 1832 ne le lui a pas expressément donné, mais son maintien ressort de l'interprétation des articles 35 et 41 de cette loi. L'aticle 52 de la loi du 28 avril 1816 dispose que toute personne qui vend des boissons au détail est soumise aux *visites* et exercices des employés. Or la loi du 21 avril 1832 a disposé expressément :
1° Par son article 35 que les exercices seraient supprimés dans les villes placées sous le régime de la Taxe Unique.
2° Par son article 41 que les débitants seraient également affranchis des exercices pour les spiritueux en acquittant les droits à l'arrivée.

Dans ces deux textes il n'est question que des exercices, et nullement des visites. C'est donc que ce droit est maintenu : le mot « exercice » seul employé marque bien l'idée du législateur. Au reste ce droit de visite est admis par toutes les législations : si l'exercice proprement dit est particulier à notre régime fiscal, le droit de visite et de vérification paraît être universellement admis comme une conséquence nécessaire de l'existence des Taxes Indirectes en général. Ainsi, en Angleterre, les employés de l'excise ont accès chez les débitants de vins, de cidres, de bières et en Alsace-Lorraine, où l'exercice des débits a disparu avec le droit de détail, il a été remplacé par un droit de visite et de vérification des objets passibles de l'impôt. Le législateur de 1832 ne pouvait enlever au service un droit si nécessaire pour assurer la rentrée de l'impôt ; l'eût-il fait, on eût été bientôt obligé de revenir sur une réforme trop radicale et par suite inapplicable.

Les débitants établis dans les villes à Taxe Unique restent ainsi soumis aux visites des employés. Mais le silence des lois de 1832, 1841 et 1875 n'a pas moins donné lieu à des difficultés très grandes. Sans doute on pouvait dire que la loi de 1832 n'ayant pas expressément supprimé les visites à l'égard des débitants rédimés, ce droit était maintenu et pouvait être exercé librement en vertu des dispositions de l'article 52 de la loi de 1816, mais cette explication pourtant bien équitable n'a pas été admise et une jurisprudence s'est établie aux termes de laquelle les débitants des villes à Taxe Unique sont assimilés aux simples particuliers et peuvent exiger l'exécution de toutes les garanties que donne la loi touchant l'inviolabilité du domicile du citoyen.

Ces garanties consistent, en matière de contributions indirectes, dans l'accomplissement des formalités prescrites par l'art. 237 de la loi du 28 avril 1816 : « En cas de soupçon de fraude à l'égard des particuliers non sujets à l'exercice, les employés pourront faire des visites dans l'intérieur des habitations en se faisant assister du juge de paix, du maire, de son adjoint ou du commissaire de police, lesquels seront tenus de déférer à la réquisition qui leur en sera faite et qui sera transcrite en tête du procès-verbal. Ces visites ne pourront avoir lieu que d'après l'ordre d'un employé supérieur du grade de contrôleur au moins, qui rendra compte des motifs au directeur du département. »

C'est l'arrêt du 5 septembre 1845 qui a admis cette solution à la suite des contestations élevées par plusieurs localités au sujet d'un arrêt de la Chambre criminelle du 15 mai 1840 qui avait reconnu la légalité de la visite faite avec recensement chez un débitant rédimé, librement, sans s'entourer des formalités de l'article 237, en vertu des dispositions de l'article 56 qui s'exprime ainsi : « Les débitants sont tenus d'ouvrir leurs caves, celliers et autres parties de leurs maisons aux employés pour y faire leurs visites, même les jours de fêtes et dimanches ». Nous croyons utile d'analyser cet arrêt de 1845 qui fixe, encore aujourd'hui, les conditions auxquelles peut avoir lieu la visite chez un débitant rédimé : « Si l'article 41 de la loi du 21 avril 1832, est-il dit, accorde, dans les cas qu'il détermine, aux débitants de liqueurs, la faculté de s'affranchir des exercices pour les eaux-de-vie, esprits et liqueurs ; et si par suite, l'Administration des Contributions indirectes ne peut plus procéder à leur égard par voie d'exercice, conformément aux art. 52 et suivants de la loi du 28 avril 1816, néanmoins ces débitants redimés ne sont pas affranchis des visites, ni dispensés de justifier de l'acquit des droits de consommation pour les boissons spiritueuses trouvées en leur possession ; les employés de l'Administration des Contributions indirectes peuvent, en cas de soupçon de fraude, et à la charge de se conformer à l'article 237 de la loi du 28 avril 1816, procéder à des visites dans les habitations de ces débitants et se faire représenter les expéditions de la Régie et les pièces justificatives de l'acquit des droits pour toutes les boissons spiritueuses trouvées en leur possession. La loi n'ayant pas déterminé le mode de vérification à suivre par les proposés, ils ont la faculté d'y procéder par recensement des boissons et par la comparaison de ce recensement avec les expéditions et quittances à eux représentées, une telle opération ne constituant pas l'exercice. »

Cet arrêt ne parle que des débitants de liqueurs ; mais il s'applique *à fortiori* aux détaillants de vins et de cidres.

Ainsi l'Administration a le droit de visite chez les détaillants redimés, mais elle ne peut l'exercer qu'en remplissant les formalités de l'article 237 de la loi du 28 Avril 1816 prescrites pour les visites faites chez les simples particuliers. Il y a entre tous ces contribuables assimilation complète sur ce point. La Jurisprudence a voulu leur donner, puisqu'ils n'étaient plus soumis aux exercices des employés, les même garanties qu'aux simples particuliers contre l'arbitraire. Quelles sont donc ces conditions ? L'article 237 limite au cas « de soupçon de fraude, » les visites que les employés peuvent faire chez les simples particuliers et par extension chez les débitants redimés. Il les subordonne ensuite d'une part à l'assistance du Juge de paix, du maire, de l'adjoint ou du commissaire de police, d'autre part à l'obtention d'un ordre signé d'un employé supérieur du grade de Contrôleur au moins. Cet ordre est le titre nécessaire qui donne aux employés le droit d'opérer leur visite et il ne peut être délivré en blanc sans violer l'esprit de l'article 237. C'est la condition primordiale de l'entrée chez le débitant, celle à qui le législateur a attaché le plus d'importance, puisqu'il déclare entachées de nullité toutes les opérations faites sans son obtention, que le particulier ou le débitant aient ou non réclamé lors de la visite. Seule la présence de l'employé supérieur peut en dispenser. La première condition n'est pas aussi impérative : il faut une plainte immédiate du débitant pour que la visite ne puisse avoir lieu, mais s'il la laisse faire, il ne peut s'élever contre une opération qui n'a été que la suite de son défaut de réclamation dans le seul moment où une réclamation de sa part l'aurait empêchée. (Arrêt de Cassation du 11 Déc. 1875).

Ces formalités sont exigées pour entrer chez les débitants des villes soumises à la Taxe Unique, à l'effet de leur demander la justification du paiement des droits sur les boissons qu'ils ont en leur possession (arrêt du 5 septembre 1845). Les employés peuvent dans ce but faire le recensement des boissons qu'ils trouvent et comparer les résultats obtenus avec les expéditions et les quittances que ces détaillants sont tenus de leur représenter. Ce pouvoir est en effet absolument nécessaire pour sauvegarder les droits du Trésor et s'assurer s'ils ont été payés. Les débitants ne peuvent sous aucun prétexte s'opposer à ce recensement, à condition bien entendu que les conditions de l'art. 237 aient été remplies. S'il leur est impossible de justifier du paiement des droits sur les boissons trouvées en leur possession, ils sont passibles des peines édictées par la loi (art. 1er et 6 de la loi du 28 avril 1816). C'est la solution prise par l'arrêt de la Cour de Nancy, du 19 juin 1884 (1). La

____

(1) Arrêt de la Cour de Nancy du 19 juin 1884, aff. Noirtin (C. Hugot, p. 243).

seule différence entre le cas de détention et celui où la boisson a été vérifiée à la circulation, c'est que la contravention
n'ayant pas été relevée en cours de transport et ne résultant pas des faits matériels constatés par le procès-verbal,
la Régie a la charge de prouver la fraude. La preuve est
ainsi intervertie en faveur du débitant établi dans une ville
à taxe unique ; il est assimilé complètement au simple particulier : pour ce dernier la régie est en effet tenue de faire
la preuve du non-paiement des droits, à moins d'aveux de
sa part. Bien entendu il en serait de même pour le débitant
qui avouerait l'introduction frauduleuse.

Ainsi toute visite, pour quelque motif que ce soit, faite
chez les débitants établis dans une ville redimée, ne
peut être faite qu'avec les prescriptions que nous venons
d'envisager. Affranchis des exercices, la Jurisprudence a
pensé qu'il était nécessaire de les protéger contre des
visites trop nombreuses des employés, ce qui eût indirectement ramené au régime que la loi avait voulu écarter.

Toutefois dans l'intérêt du Trésor, en vue d'aider à la
répression de la fraude, l'art. 237 de la loi du 28 avril 1816,
dans son dernier alinéa porte une exception aux principes
que nous venons d'exposer. Il était utile dans ce cas
de faire fléchir ces prescriptions sous peine de comprometre le succès de la poursuite. Si donc, au moment d'être
saisies, des marchandises transportées en fraude sont
introduites dans une habitation, par exemple chez un débitant établi dans une ville redimée, pour les soustraire aux
employés, elles peuvent y être suivies par eux, sans qu'ils

soient tenus d'observer les formalités précédentes. C'était là une atteinte nécessaire à l'inviolabilité du domicile des non soumis aux exercices : il nous fallait la faire connaître.

L'Etablissement de la Taxe Unique entraîne ainsi immédiatement la disparition de l'exercice dans les villes rédimées : cette disparition entraîne à son tour une autre modification aux principes généraux de perception de l'impôt. Nous savons que l'exercice a pour raison d'être la nécessité d'assurer la perception du droit de détail, dont il est fait crédit aux débitants et qui est payé au fur et à mesure des ventes. Ce crédit n'est plus possible avec l'abolition de l'exercice. L'employé n'ayant plus le droit de s'introduire librement chez le débitant établi dans une ville à Taxe Unique, le droit de détail entrant dans la combinaison de 1832, il devenait absolument obligatoire de priver ces commerçants du crédit dont ils jouissaient sous l'ancienne législation : on devait leur imposer le paiement immédiat de tous les droits. Sans doute c'était contraindre à cesser bon nombre de débitants pauvres, n'ayant pas le roulement d'argent nécessaire pour faire l'avance des droits, mais ce résultat était fatal : on ne pouvait adopter une autre solution.

Telle est la troisième conséquence de l'établissement de la Taxe Unique. Chacun de ces résultats découle naturellement du principe fondamental du système de 1832 : report sur tous les habitants du droit de détail. Ce droit disparaissant, l'exercice devenait inutile et l'exercice supprimé, le crédit ne pouvait plus être accordé. Ces modifications constituent des exceptions au système général de la loi de 1816 maintenu encore aujourd'hui pour les campagnes et les villes de moins de 10,000 âmes n'ayant pas usé de la liberté que leur a laissée la loi de 1832 et qu'ont maintenue pour elles les lois postérieures. Il nous reste à examiner les arguments présentés pour ou contre ce nouveau mode de perception, à apprécier en un mot la valeur de ce système.

APPRÉCIATION DU RÉGIME
DE LA TAXE UNIQUE

———

Le régime de la Taxe Unique a toujours donné lieu
aux plus vives discussions. Il a trouvé, chaque fois qu'il a
été examiné des défenseurs convaincus, comme il a trouvé
des adversaires acharnés. Ce n'est pas seulement dans les
débats parlementaires, à propos de la réforme depuis si
longtemps à l'ordre du jour du régime des boissons, que
le système a été discuté, c'est aussi dans les Chambres
de Commerce, les Syndicats et même au sein des populations soumises à cette forme de perception. Aussi l'enquête
faite en 1882 sur l'impôt des boissons, nous montre-t-elle
combien sont différentes les réponses à la question : « la
Taxe Unique doit-elle être maintenue », suivant les contrées, suivant la situation personnelle, l'intérêt personnel
de chacun. Nous ne pouvons mieux faire au début de ce
chapitre que de résumer les résultats de cette enquête qui
fait si bien ressortir ces divergences d'appréciation. M.
Galpier a analysé les réponses faites et en a rendu compte
à la Chambre dans un rapport le 30 mars 1882.

« Le régime de la Taxe Unique, dit-il, soulève bien
des controverses. Nous trouvons surtout l'approbation du

système chez les représentants des intérêts commerciaux : Chambres de commerce et syndicats. On comprend que la suppression de l'exercice est une amélioration considérable pour les négociants, pour les débitants de boissons et les détaillants... Pour l'agriculture et la population des campagnes, celà les touche beaucoup moins ; aussi les associations agricoles nous donnent-elles plus de réponses contraires que d'avis favorables. Il en est de même des centres de population, des préfectures et des villes ; c'est là que le régime s'applique et que l'expérience fournit la balance des avantages et des inconvénients qu'il peut présenter. » Ainsi le régime de 1832 est l'objet d'appréciations bien opposées suivant que l'on s'adresse à tel ou tel.

Les partisans de ce système font valoir en sa faveur, outre la suppression de l'exercice, l'égalité qu'il établit dans le paiement de l'impôt entre tous les habitants, les facilités qu'il offre au Trésor, en permettant une meilleure répression de la fraude et en augmentant le rendement de l'impôt tout en le simplifiant, l'avantage qu'il procure soi-disant à la population peu aisée qui s'approvisionne chez le débitant et qui doit profiter de l'abaissement du prix des liquides, résultant du report du droit de détail sur tous les contribuables de la ville.

C'est cette thèse qui fut développée en 1875, lors de la discussion qui précéda la loi établissant l'obligation pour les villes de 10,000 âmes et au-dessus, par le rapporteur M. Gouin, énergique défenseur du système de 1832 : « Au début, disait-il, on a cru devoir établir une inégalité considérable entre le droit payé par le vin consommé chez les particuliers et le vin consommé chez le débitant. L'exposé du projet vous l'a dit ; ce droit en moyenne est trois fois plus fort dans un cas que dans l'autre. Dans certaines villes, le droit de détail représente cinq fois le droit de circulation. La Taxe Unique a pour objet de ramener à une taxe uniforme le vin consommé chez le débitant et celui consommé chez le particulier et d'empêcher que l'hectolitre entrant dans une ville comme Tours, par exemple, paie 13 fr. 29 au Trésor si le vin est consommé chez le débitant et ne paie que 4 fr. 63 s'il est consommé chez le particulier. Y a-t-il des raisons sérieuses qui puissent justifier une pareille inégalité? On disait autrefois qu'il fallait favoriser la consommation de ménage aux dépens de la consommation du cabaret. Mais il est facile de comprendre que bien des ménages d'ouvriers ne peuvent acheter une pièce de vin, parce qu'ils n'ont pas l'argent pour le payer comptant, ni de cave pour serrer la provision. Force leur est d'acheter le vin chez le débitant et de payer trois ou quatre fois plus que le particulier qui achète une pièce de vin qu'il consomme chez lui. L'ouvrier célibataire ne peut prendre sa consommation qu'au cabaret et paie en conséquence. Quant à l'ouvrier qui fréquente le cabaret et qui y dépense trop souvent l'argent nécessaire à la subsistance de la famille, rien ne l'empêche d'aller boire en dehors du rayon de l'octroi. Le projet de loi ne fait rien pour améliorer le sort de ce consommateur peu intéressant. L'ouvrier qui travaille au contraire n'a qu'un temps limité pour prendre ses repas. Il n'a pas les loisirs de l'ouvrier paresseux. Il ne peut aller que dans les débits de l'intérieur de la ville et c'est sur lui que retombe surtout la surchage imposée au vin qu'il consomme. Je ne veux pas multiplier les exemples et je crois inutile d'insister davantage pour défendre devant vous ce principe d'équité, que nous cherchons à inscrire partout et surtout à pratiquer : l'égalité devant l'impôt. Nous regardons comme de toute justice de faire supporter également par tous, autant que possible, les taxes établies : la Taxe Unique remplit ce but ». Tels sont en effet les principaux arguments mis en avant par les défenseurs du système réglementé en 1832.

Mais tous ceux qui se sont occupés de cette question n'ont pas émis des avis aussi favorables : aux arguments précédents ils en ont opposé d'autres aussi puissants, et si la Taxe Unique a été vivement défendue, il faut reconnaître qu'elle n'a pas été moins vivement attaquée. Les adversaires de cette mesure sont d'accord pour reconnaître ce qu'elle a d'avantageux au point de vue fiscal et constater le bénéfice qu'y trouvent les détaillants, mais les critiques commencent aussitôt : « Dans les villes rédimées, disent-ils, il n'y a que les débitants qui profitent de l'abaissement de l'impôt ; ils ne vendent pas le vin moins cher, malgré le dégrèvement qui resulte pour eux du report du droit de détail sur tous les habitants et bénéficient de la différence ; par surcroit la charge est augmentée pour tous les autres habitants qui participent au droit de détail perçu dans la

Taxe Unique, ce qui nuit à l'approvisionnement des ménages et encourage la vente au cabaret. N'est-il pas fâcheux, disent-ils, qu'on surcharge ainsi la consommation la plus digne d'intérêt. celle qui se fait à domicile, dans le sein de la famille, tandis qu'on la dégrève chez le débitant au détriment de la morale et de la santé publique. »

Ils ajoutent que la suppression de l'exercice est regrettable, car il est non seulement, estiment-ils, un moyen fiscal, mais aussi un frein pour les abus qui se glissent si facilement dans le régime des boissons. Ils se plaignent de cette absence de contrôle sur les débitants établis dans les villes redimées qui, en leur laissant toute latitude, favorise la falsification des produits qu'ils mettent en vente, au détriment de tous. C'est en s'inspirant de ces idées, que M. Guichard a protesté en 1875 lors de la discussion du projet contre les paroles de M. Gouin que nous avons reproduites ci-dessus. Il a pris la défense du consommateur s'approvisionnant en gros et du producteur, combattant les mots « d'égalité devant l'impôt » qu'avait employés le rapporteur pour résumer le but du système de 1832 : « L'effet de la Taxe Unique, a-t-il dit, est de favoriser les débitants au détriment des consommateurs ordinaires. Est-il même certain qu'ils diminueront le prix de leur vin et que l'ouvrier qui est obligé d'acheter son vin chez eux, le paiera un prix moindre ? Quant à celui qui consomme le vin en famille, qui l'achète directement au producteur et qui n'était pas jusqu'à présent assujetti au droit de détail, il aura à payer ce même droit sous la forme de la Taxe Unique et il ne sera pas affranchi du droit de circulation. Ce n'est pas ainsi que je conçois l'égalité devant l'impôt ; c'est une aggravation que je crois dangereuse et dans ces termes je déclare qu'il m'est impossible de voter la loi. Ainsi non seulement on fera payer au simple particulier qui consomme chez lui la nouvelle taxe, mais on maintiendra à son égard le droit de circulation de telle sorte que si le projet de loi favorise les débitants, il vient singulièrement aggraver la situation des consommateurs. »

La Taxe Unique est ainsi jugée bien différemment et si l'exercice qu'elle a remplacé soulevait des plaintes violentes, il est bien vrai de dire que le régime de 1832 n'en est pas exempt. Soutenue par certains, qui se faisaient peut-être quelque illusion sur les résultats qu'elle devait produire, elle a été vivement combattue depuis qu'il a été donné de les apprécier. Aussi les projets récents sur l'impôt des boissons présentent-ils en général un plan de réformes qui bouleverserait de fond en comble le système de perception actuel : la Taxe Unique disparaitrait avec les droits de détail et d'entrée. C'est cette suppression qui est le point de départ du projet déposé par M. Caillaux le 14 novembre 1899.

Que devons-nous penser de ces critiques ? Les résultats de la Taxe Unique justifient-ils les reproches qui lui ont été adressés ? Nous devons dans cet ordre d'idées nous placer successivement à deux points de vue : nous examinerons en premier lieu les conséquences Economiques de

9

la Taxe Unique ; nous apprécierons ensuite ses résultats au point de vue financier.

Les questions que fait naître, **au point de vue écono-mique**, la Taxe Unique sont des plus complexes et nous avons déjà vu combien variaient les solutions données suivant les intérêts engagés. Les uns la trouvent parfaite sous ce rapport, parce que, disent-ils, elle assure l'égalité qui n'existe pas sous le régime de l'exercice entre les consommateurs s'approvisionnant en gros et ceux s'approvisionnant au détail ; aussi seraient-ils partisans de son extension partout où des moyens de surveillance pourraient être organisés. Ils veulent en un mot reculer de plus en plus l'exercice qui a pour conséquence, disent-ils, d'établir entre les contribuables d'une même localité une différence qui ne se justifie pas. Cette égalité, disent-ils, améliorerait le sort de l'ouvrier qui achète au cabaret. Les autres, au contraire, soutiennent que loin d'assurer l'égalité, la Taxe Unique ne fait que l'écarter : elle est préjudiciable à la fois aux producteurs et aux consommateurs : elle empêche les premiers de placer leurs produits en diminuant la consommation, elle entrave pour les seconds l'approvisionnement en gros. Le débitant seul profite de ces dispositions.

Que penser d'opinions aussi divergentes, aussi contradictoires ? Est-il vrai que la Taxe Unique assure l'égalité? Cette question a soulevé au point de vue qui nous occupe le plus grave problème, celui dont toutes les législatures se sont occupées depuis bien longtemps chez nous et que certains pays étrangers ont déjà compris dans leurs réformes :

la lutte contre la consommation du cabaret. La Taxe Unique, en supposant que les débitants fassent profiter leurs
clients de la diminution d'impôt, n'encouragerait-elle pas le
cabaret ? Et s'il en était ainsi ne serait-il pas mauvais de
surcharger les autres consommateurs, ceux qui s'approvisionnent en gros en vue des besoins de la famille, au
profit de la minorité qui fréquente le cabaret et y dépense
trop souvent l'argent nécessaire à la subsistance des siens?
Certes nous comprenons fort bien l'argument de ceux qui
soutiennent le régime de la Taxe Unique : ils ont un but
généreux, puisqu'ils veulent surtout dégrever la classe ouvrière, celle, disent-ils, qui ne gagnant pas assez ne peut
s'approvisionner en gros et est obligée de recourir pour ses
besoins journaliers au débitant voisin. Mais ce but est
malheureusement bien difficile à atteindre. Nous compren-
drions mieux le surcroit de charges qu'impose le système
de 1832, s'il était possible de faire une distinction entre ces
deux classes de consommateurs, entre celui qui s'approvisionne pour sa consommation intérieure chez le débitant
et celui qui n'y va que pour dépenser le salaire quotidien,
s il était possible de ranger tous les débits en deux classes,
les uns vendant au comptoir, les autres vendant seulement
à emporter ; nous reconnaitrions toute l'utilité, toute la
moralité qu'aurait une telle innovation. si, en faisant haus-
ser les prix dans les débits ordinaires par la création de
débits à emporter, on pouvait être certain de ne plus atteindre dans les premiers que les dépenses de luxe et de
plaisir, celles des riches, des oisifs ou des ivrognes, et si

par contre en assurant par le dégrévement la diminution du prix des boissons dans les débits à emporter ou pouvait favoriser la consommation de famille.

Mais uue telle réforme ne pourrait même en tous points atteindre le but si éminemment désirable que de tout temps on a cherché à réaliser, car il y aurait toujours une certaine partie de la population qui serait dans l'obligation de continuer à fréquenter par besoin, par nécessité le cabaret : nous voulons parler des voyageurs, des individus sans ménage, sans famille ou qui travaillant au loin et obligés de se nourrir hors de chez eux, seraient toujours obligés de chercher dans la boutique du détaillant, avec la boisson de leur repas, une place pour s'asseoir ? Ainsi, dans la supposition où la Taxe Unique amènerait une diminution du prix des boissons vendues chez le détaillant, il serait vivement à regretter que cette diminution profite à ceux qui ne vont au cabaret que par plaisir ou ivrognerie. Ce serait encourager le cabaret, et cependant, nous venons de le voir, il serait impossible de remédier à un état aussi critiquable.

Mais est-il même bien vrai, ainsi que le disent les défenseurs de la Taxe Unique, que l'ouvrier soit le plus souvent dans l'impossibilité de s'approvisionner en gros ? Cet argument n'a plus la même valeur depuis la loi du 19 juillet 1880. Par son article 7 les marchands en gros ont été autorisés à faire des envois de vins, cidres et poirés en toute quantité et à toute destination, au moyen d'expéditions prises au bureau de la Régie. C'est là un avantage considérable donné aux ouvriers au sort desquels on s'intéresse.

S'il était avant cette loi permis de soutenir, comme l'a fait M. Gouin en 1875, que l'ouvrier, même rangé, ne pouvait bien souvent, faute d'argent pour payer comptant acheter directement au producteur ou au marchand en gros une provision de vin qui ne pouvait jamais être inférieure à 25 litres et qu'ainsi la loi le contraignait pour ainsi dire à supporter dans ses achats un impôt plus lourd que le riche, cette critique perd aujourd'hui bien de sa portée avec les nouvelles dispositions de la loi de 1880. L'ouvrier rangé peut désormais s'approvisionner en gros aussi bien que le riche, en prenant des quantités moins importantes et bénéficier ainsi d'une réduction beaucoup plus grande que celle qu'aurait dû lui faire le débitant, à la suite du dégrèvement que lui assurait la Taxe Unique. Ces détaillants ont en effet à faire face à des frais beaucoup plus élevés que les marchands en gros, loyer considérable par suite de la nécessité pour le débit d'être en vue, frais d'installation, etc,, outre leur assujettissement complet qu'ils font largement payer. Le marchand en gros peut donc lui faire dans tous les cas des conditions meilleures et lui consent le plus souvent un crédit qui favorise encore ses achats.

Au reste, il faut encore compter avec le progrès : dans toutes les grandes villes nous voyons aujourd'hui bon nombre d'ouvriers s'unir pour former des associations coopératives, très florissantes et leur assurant des marchandises de qualité supérieure à des prix modérés. L'association produit ici ses plus heureux effets: l'achat de famille fait au cabaret s'écarte de plus en plus. Aussi notre conclusion sur ce premier point est-elle que, si la Taxe Unique amenait réellement une diminution du prix des boissons vendues par les détaillants, cette diminution profiterait presque uniquement à la consommation peu intéressante du cabaret. Ce résultat serait des plus regrettables. Il ne serait bon que pour l'ouvrier célibataire obligé de se nourrir et de consommer chez le débitant.

Mais dans la réalité en est-il ainsi ? Les débitants ont-ils baissé leurs prix en proportion du dégrèvement d'impôt qui leur était accordé ? Les ouvriers qui s'approvisionnent au cabaret pour leur consommation de famille ont-ils vu diminuer le prix du litre de vin ? Il ne le semble pas. Il résulte des tous les rapports faits depuis bien des années, il ressort des grandes enquêtes législatives de 1850 et de 1882, que seuls les débitants profitent de ce dégrèvement ; loin de diminuer les prix des boissons, même dans la plus petite proportion, ils les ont maintenus et ont gardé pour eux tout le bénéfice de la réforme. Il suffit d'examiner la statistique reproduite plus haut (1) pour voir que le prix moyen de la vente au détail, n'a fait que suivre une progression constante et très marquée. Sans doute cette statistique a été faite sans tenir compte du mode de perception en vigueur dans chaque ville ou campagne, mais les villes à Taxe Unique n'ont pas fait exception au fait qu'elle démontre. Leurs débitants ont maintenu leurs prix et n'ont nullement fait profiter leurs clients de la diminution d'im-

(1) Voir page 86.

pôt qui leur était accordée. Déjà lors de l'enquête de 1850 M. Templeux, futur Administrateur des Contributions Indirectes, faisait connaître ce résultat : « En tous lieux disait-il, les débitants en profitent absolument et n'en font pas jouir les consommateurs ; les prix de vente ne sont pas réduits. » Et M. Pascal Duprat s'exprimait ainsi en 1880 : « Le consommateur est à la merci du débitant : n'ayant aucun moyen de contrôler les prix de vente, ni les calculs sur lesquels on les base, il subit sans murmurer les conditions qu'on lui impose. Le législateur lui-même est dans l'impossibilité d'intervenir pour améliorer cette situation : les dégrèvements qu'il opère pour favoriser la partie la plus nombreuse et la moins fortunée de la population n'amènent pas la baisse de la denrée ; quelquefois ils sont accueillis par une hausse. » Et plus loin en parlant de la Taxe Unique : « Le petit consommateur n'a point profité de ces avantages ; l'ouvrier paie plus cher et le débitant seul a vu augmenter ses bénéfices. »

L'enquête législative faite en 1882 a constaté le même fait : sa conclusion sur le système de 1832 est qu'il a favorisé les débitants au détriment de la masse des consommateurs, surtout au détriment du petit propriétaire et de l'ouvrier : le débitant qui paie moins a maintenu ses prix et n'en a fait profiter que lui-même. Le consommateur au contraire a vu augmenter les charges qui pèsent sur lui. Les réponses les plus nombreuses sont en effet unanimes à reconnaître ce résultat : il suffit pour s'en rendre compte d'examiner l'analyse des réponses au questionnaire faite

par M. Cavalié, député. Dans l'Eure-et-Loire, la réponse
est ainsi libellée : « La Taxe Unique n'est favorable qu'aux
seuls débitants : elle est très onéreuse pour le restant des
habitants et très impopulaire. » Dans l'Aube, même réponse :
« Le débitant seul en profite. Le prix de détail n'a pas diminué. L'acquéreur en fût a vu augmenter ses charges. »
L'Isère condamne de même la Taxe Unique : « Ce régime
n'est profitable qu'aux débitants qui, ayant moins de droits
à payer, ne diminuent cependant pas les prix et bénéficient seuls de la différence. » Nous avons voulu par ces
quelques exemples donner seulement une idée de la majorité des réponses faites. Aussi M. Cavalié conclut-il : « En
résumé, la majorité des déposants sont pour la négative, à
l'exception des Syndicats et des Chambres de Commerce,
dont la majorité est pour l'affirmative. » Nous savons déjà
que l'intérêt personnel a déterminé ces réponses favorables.

Si nous résumons ce premier point, nous pouvons conclure que le but du législateur : « amener une diminution
dans le prix de vente au détail des boissons hygiéniques »
n'a pas été atteint. Le débitant a accaparé pour lui tout le
bénéfice résultant du dégrèvement et l'ouvrier achetant au
cabaret les boissons nécessaires à sa consommation de famille ne s'en est nullement aperçu. Il a fallu qu'une loi nouvelle vienne lui favoriser l'achat direct, et lui permettre
ainsi d'échapper au prix élevé du détail. Seul, l'ouvrier
célibataire supporte obligatoirement cette charge que l'on
a en vain essayé de réduire. Quant à cette idée que la Taxe
Unique encourage le cabaret, elle n'est pas plus exacte que

la précédente et pour la même raison : Si le débitant avait baissé ses prix en proportion de la diminution résultant pour eux du report du droit de détail sur tous les habitants, on eût pu dire que cette diminution favorable pour la consommation intérieure, eût aussi profité à celui qui vient dépenser seul, loin de sa famille, une bonne part du produit de son travail. La fréquentation du cabaret eut été encouragée. Sans doute la diminution n'eût porté en principe que sur les boissons hygiéniques, mais l'habitude du cabaret n'en est pas moins funeste et conduit l'ouvrier à la débauche, à la paresse, à l'abandon des siens, en un mot à la misère pour tous· Un tel résultat eut été éminemment préjudiciable à la santé comme à la moralité publique. Mais nous n'avons pas, nous le savons déjà, à regretter une telle conséquence : la Taxe Unique n'a sur ce point exercé aucune influence et si la consommation dans les débits a augmenté, il serait faux de l'attribuer. même pour la plus faible partie, au dégrèvement qu'elle aurait dû réaliser, mais qui est entièrement passé au débitant.

Nous avons ainsi étudié la question au point de vue de ceux qui viennent s'approvisionner aux débits. Mais elle a une autre phase : ce ne sont pas là en effet les seuls intéressés : il y a encore le producteur et l'acheteur en gros. La Taxe Unique n'aggrave t-elle pas leur situation et cette aggravation n'est-elle pas contraire à l'équité ? Nous savons déjà combien est importante l'augmentation d'impôts qui résulte pour eux de l'établissement de la combinaison de 1832. Ils sont en effet frappés du droit de détail, qui sous le régime de l'exercice était payé uniquement par le débitant : ils le paient sous la forme de la Taxe Unique. Ce report est-il juste ? Nous ne le croyons pas. S'il est équitable que tous les consommateurs soient frappés de l'impôt, il n'est pas admissible que la consommation de famille ait à supporter une partie des droits destinés à frapper la consommation des débits. On doit toujours favoriser l'achat en gros, aujourd'hui permis à tous les ouvriers rangés et frapper davantage la consommation superflue du cabaret. La Taxe Unique va contre cette idée, qui assure une bonne répartition de l'impôt : elle déplace l'assiette de l'impôt en faveur des seuls débitants. Est-ce à dire que cette classe d'intermédiaires ait une situation particulièrement digne d'intérêt pour que la loi de 1832 l'ait ainsi dégrevée et lui ait assuré au détriment de tout le reste de la population, des consommateurs pauvres comme des riches, un bénéfice plus grand ? Evidemment non ; seulement le résultat de la mesure n'a pas répondu aux vues du législateur. Il espérait favoriser l'ouvrier pauvre et il n'a favorisé que l'intermédiaire. Aussi un ancien agent supérieur des Contributions Indirectes, dont nous tairons le nom, a-t-il en ces mots exprimé son opinion sur la Taxe Unique : « Ce système a pour conséquence de froisser la masse des consommateurs pour favoriser une très minime partie des contribuables, la seule qui bénéficie sur ses achats de boissons. Or l'expérience a toujours démontré que les débitants ont toujours maintenu le prix ordinaire de leurs boissons dans les villes où la Taxe Unique a atténué leurs charges et à part quelques cantines placées à proximité des grands ateliers ou de travaux extraordinaires et qui sont réellement utiles à la classe ouvrière, les cabarets ne sont incontestablement qu'une porte ouverte aux excès et au désordre, où les populations les moins aisées vont prendre une consommation qui, prise en famille, y serait et plus saine et beaucoup moins dispendieuse. »

Reconnaissons donc qu'une telle égalité est en tous points regrettable. L'ancienne distinction entre la vente en gros et la vente en détail au fond subsiste toujours, mais elle subsiste au profit seul des débitants.

Mais l'augmentation d'impôt qui résulte pour ceux qui s'approvisionnent en gros de l'établissement de la Taxe Unique ne risque-t-elle pas d'avoir des conséquences très graves en ce qui touche le producteur ? Ne risque-t-elle pas de rendre plus difficile, je veux dire de réduire l'achat direct ? Dans ce cas non seulement la Taxe Unique imposerait au producteur une aggravation d'impôt considérable, mais encore elle mettrait obstacle à ses ventes. Ce résultat peut en effet être craint. Les droits par l'établissement du mode de perception que nous étudions sont augmentés dans une proportion très appréciable, le 1/3 en moyenne. Cette différence peut nuire à l'achat direct. Ce sont surtout les pays producteurs qui ont fait entendre cette plainte lors de l'enquête de 1882. M. Cavalié, résumant les réponses faites, a dit à ce sujet : « Le consommateur a vu augmenter les charges qui pèsent sur lui. L'approvisionnement chez le producteur a été rendu plus difficile et plus onéreux pour les petits ménages et la classe ouvrière. » Beaucoup de départements ont en effet formulé cette critique ; les représentants de la Gironde ont écrit : « La Taxe Unique est excessivement injuste au point de vue producteur. » Et ceux de la Vienne ont exprimé la même idée : « L'élévation du droit payé par les habitants frappés de la Taxe Unique entrave la consommation. » La Sarthe prétend que ce surcroît de droits empêche l'usage des petits vins de consommation, qu'il nuit ainsi au commerce et qu'il prive les ménages pauvres d'une boisson nécessaire. Les mêmes doléances s'étaient manifestées lors de l'enquête de 1851 : Dans le Tarn-et-Garonne on avait dit : « La Taxe Unique est très lourde à la population urbaine, qui paraît fatiguée de payer une somme de droits plus forte à la décharge des débitants ; ces taxes locales surchargent les vins au point d'en égaler et même d'en excéder quelquefois la valeur vénale, ce qui ne peut que nuire à la consommation faite à domicile; car plus il y a de difficultés à s'approvisionner en gros et plus on favorise l'habitude du cabaret. Les droits d'entrée, d'octroi et par suite de Taxe Unique sont considérés comme nuisant à la consommation et au commerce. » Dans la Vendée même réponse : « La Taxe Unique rend l'usage du vin plus onéreux aux ouvriers et aux petits commerçants. Ce droit, qui est perçu par pièce et non *ad valorem*, s'élève presque partout au tiers et quelquefois à la moitié du prix de la barrique. Elle est, sous ce rapport, une prime donnée aux cabarets, qui absorbent, au détriment de la famille, les économies que l'ouvrier peut faire sur son salaire, par l'exagération qui ne lui permet pas d'acheter une barrique entière : le remplacement de ce droit contribuerait à la moralisation de la population ouvrière des villes. »

Ces plaintes nous les croyons légitimes et la même pensée a été exprimée dans le projet présenté tout récemment à la Chambre par M. Caillaux, Ministre de Finances : « Ce que réclame, dit-il, l'intérêt des producteurs et des consommateurs, c'est uniquement la réduction pour les boissons hygiéniques des tarifs très élevés qui constituent un obstacle au développement de la consommation : un léger tarif reste sans effet à cet égard. Ce qu'il faut réduire c'est, outre le droit de détail dans les campagnes et le droit d'entrée dans les villes de 4.000 âmes, la combinaison des droits de détail et d'entrée sous la forme de la Taxe Unique. »

Il est bien certain en effet qu'un dégrèvement des boissons hygiéniques amènerait une augmentation de bien-être pour les classes peu aisées habitant les villes. Il suffit pour se convaincre des charges qui pèsent sur elles par rapport aux campagnes de prendre la statistique dressée par M. Touron ; il a calculé que le total des impôts indirects perçus dans les villes par tête s'élevait à 70 fr. 01, tandis que dans les campagnes il n'est que de 43 fr. 73. Faisant le même calcul pour les impôts indirects qu'il qualifie « d'insoutenables », dont le principal est celui que supportent les boissons hygiéniques (1), il arrive à ce total : dans les campagnes 16 fr. 44 ; dans les villes 39 fr. 08. La

(1) Voici en effet la proportion respective des impôts indirects

différence d'impôt sur les boissons hygiéniques est ainsi considérable entre les deux classes de contribuables, ceux habitant les centres et ceux résidant dans les campagnes : elle est certainement nuisible à la consommation dans les villes et par suite au producteur. On a beau dire que les droits se confondent en somme dans le prix de la marchandise, il n'en est pas moins vrai qu'ils élèvent beaucoup la dépense et par suite empêchent de la renouveler plus souvent. Débourser en moyenne de 16 à 18 fr. de droits par fût de 220 litres est tout de suite une dépense très grande pour un petit budget. La Taxe Unique aggrave donc encore sur ce point la situation du producteur. Déterminant une notable augmentation, elle met un obstacle à l'achat en gros. Aussi comprenons-nous fort bien l'idée que nous trouvons à la base du plus grand nombre des projets déposés à la Chambre. On veut réduire les droits sur ces boissons dites hygiéniques afin d'en favoriser la vente ; ce dégrèvement entraînant une diminution du prix amènerait, on peut l'affirmer, une augmentation de la consommation. Il suffit pour s'en convaincre de voir ce qui s'est passé à Paris en 1881. En 1879, la consommation du vin dans cette ville était, par tête d'habitant, de 184 litres ; en 1881, après

proprement dits que M. Touron qualifie d'indéfendables parce qu'ils frappent le nécessaire (Rendements réels de 1896).

Boissons hygiéniques.	194,389,000
Sels (en dehors du rayon des domaines.	9,692,000
Huiles, bougies, vinaigres., etc.	13,165,000
Droits de 40 centimes par expédition sur denrées.	5,578,000

le dégrèvement partiel consenti par l'Etat, et suivi d'une diminution du tarif de l'octroi, la consommation par tête s'élevait à 224 litres. Il en serait de même pour toutes les villes à la suite d'un dégrèvement partiel des boissons hygiéniques. Aussi cette réforme est-elle très désirable. Il faut bien reconnaitre, en effet, que le meilleur moyen d'enrayer l'alcoolisme est d'aider à la diffusion des boissons alimentaires trop coûteuses de nos jours. La santé publique gagnerait à une telle réforme. D'un autre côté on encouragerait ainsi, par l'espoir d'une vente plus facile, les producteurs à reconstituer les vignobles phylloxérés et on aiderait, en répandant le bien-être pour tous, à la prospérité d'une des branches les plus importantes de notre commerce. La Taxe Unique va précisément contre ce but.

Le principe de la Taxe Unique, nous le savons déjà, est de frapper tous les habitants des villes où elle est établie, quelle que soit leur situation, qu'ils soient débitants ou simples consommateurs, d'une taxe uniforme la même pour tous et la même aussi quelle que soit la qualité des boissons introduites. C'est contre ce dernier résultat que de nombreuses critiques ont encore été élevées. On comprend en effet, combien il est injuste de frapper les vins de la dernière qualité, les piquettes elles-mêmes, du même droit que les vins des premiers crus, les vins de Bourgogne ou de Bordeaux. Sous le régime de l'exercice, cette inégalité était au moins écartée pour la vente en détail ; ce droit est en effet proportionnel au prix de vente qui lui-même dépend de la valeur de la marchandise ; c'est un droit « *ad valorem*. »

La Taxe Unique ne peut guère faire de telles distinctions : aussi a-t-elle été à ce sujet vivement combattue en 1875 par M. Guichard qui a pris la défense du producteur. Nous avons vu en effet que les piquettes et assimilés fabriquées par les propriétaires récoltants ne sont dispensés du paiement des droits que si elles sont produites dans l'intérieur du lieu sujet et ne doivent pas circuler. Il en résulte que pour les boissons de même espèce introduites, le paiement de la Taxe Unique est exigé, sous déduction du droit de circulation. C'est contre cette inégalité si choquante que M. Guichard s'est élevé : « Vous supprimez, a-t-il dit, le droit de détail pour comprendre en une Taxe Unique l'eau de nos puits et de nos fontaines que vous confondez avec les vins des premiers crûs. Si vous consacrez une pareille loi, c'est une iniquité de plus commise au nom de l'égalité ». Cette critique, nous semble-t il, est justifiée. En imposant un droit aussi élevé pour des boissons d'une si faible valeur on n'atteint pas seulement le propriétaire récoltant, on atteint encore toute la classe pauvre, tous ceux en un mot qui ne peuvent pour leur approvisionnement s'imposer que de faibles dépenses. On frappe du même droit l'hectolitre de piquette valant 10 francs et l'hectolitre de vin vieux valant 150 ou 200 francs, la marchandise dont la valeur varie de 1 à 100. Une telle inégalité est en tous points regrettable. Certes en pratique il eut été difficile d'établir des tarifs différentiels suivant la qualité de

la marchandise : on se fût ainsi exposé à des contestations
continuelles. Mais il faut bien reconnaître en théorie les
conséquences lamentables d'un impôt sur les boissons
hygiéniques établi sur de telles bases. Cette improportionnalité est grave, atteignant ainsi des classes nécessiteuses ;
il ne faut pas se dissimuler en effet que de l'amélioration
de leur condition matérielle dépend leur élévation dans
l'ordre intellectuel et moral et qu'en leur enlevant par
l'impôt une portion assez forte de leurs ressources ou du
produit de leur travail on ne fait qu'appesantir sur elles la
misère dont elles ont beaucoup de peine à sortir. Il faudrait
donc leur favoriser l'achat des choses nécessaires à la vie,
au nombre desquelles on peut compter la boisson hygiéni-
que par excellence, le vin. La Taxe Unique produit, au
contraire, nous l'avons vu, le résultat adverse : ce sont en
somme les pauvres, ceux qui ne peuvent acheter que des
vins de qualité inférieure, qui supportent la part la plus
lourde de l'impôt. C'est le jugement qui a été porté en 1875
sur ce système : « Ne tenant compte, disait un député, ni
de la qualité, ni de la valeur des boissons, elle est progressive à rebours ; elle frappe surtout les petites ventes, les
consommateurs les plus intéressants, les vins les plus
ordinaires, ceux qui constituent le fond de la consommation courante pour les classes laborieuses du pays ».

La Taxe Unique laisse en effet complètement de
côté ce principe de législation financière que : « L'impôt doit être proportionnel, c'est-à-dire réparti de façon
à n'exiger de chaque contribuable qu'une quote-part

proportionnée au chiffre de son revenu particulier. » Elle frappe tous les habitants du même impôt et arrive à ce résultat bien inattendu de ceux qui en 1832 réglementèrent cette combinaison, de rendre plus mauvaise la situation de la classe peu aisée. Aussi trouvons-nous fort juste cette réponse du préfet de Mâcon au questionnaire de 1882 : « De nombreuses réclamations s'élèvent contre la Taxe Unique qui frappe surtout la classe ouvrière. » Nous devons cependant faire une observation : en prétendant que la Taxe Unique établie sur les boissons hygiéniques n'obéit pas à la règle de la proportionnalité de l'impôt au revenu de chacun, nous ne voulons pas dire que tout impôt indirect doive présenter ce caractère. S'il est désirable qu'il en soit ainsi lorsqu'il s'agit des boissons nécessaires à la vie, des boissons dites « hygiéniques », il n'en est plus de même lorsqu'il s'agit des boissons alcooliques qui constituent un superflu nuisible à la santé. Loin d'être condamnable, l'improportionnalité est alors désirable, car elle répond à ce but que poursuivent tous les législateurs : enrayer l'alcoolisme. En frappant plus durement les classes ouvrières pour cette consommation on leur rendrait un véritable service. Aussi tous les projets récents comportent-ils, malgré les droits élevés dont sont actuellement frappés les alcools, une augmentation considérable de l'impôt de consommation.

Malheureusement la Taxe Unique sur les boissons hygiéniques « *ad valorem* » est difficilement réalisable pour ne pas dire impossible. Un tel système supposerait en effet déclaration de la part du vendeur et de l'acheteur et contrôle de leurs dires, au moyen de la dégustation, qui seule peut déterminer la valeur réelle du liquide. Le principe certes est excellent et s'il était praticable, on n'aurait pas dû hésiter à l'adopter sans retard pour donner satisfaction aux idées de justice distributive : « Chaque vin, dit M. Pascal Duprat à ce sujet, serait dès lors taxé pour sa qualité, en même temps que pour sa quantité : le droit serait en parfait accord avec la valeur vénale ; on n'aurait plus de spectacle de vins fins et précieux ne payant pas plus au Trésor que les déplorables boissons qui n'ont de vin que le nom ». Mais la mise en pratique n'est guère possible : il suffit de voir ce qui s'est passé sous l'ancienne monarchie. Les droits sur les vins dits « de gros, parisis, quatrième réglé, augmentation, cinq sous et sous pour livre » étaient en effet des perceptions proportionnelles au prix de vente, objet de débats et de récriminations dont la forme de l'impôt ne savait triompher qu'au moyen de l'arbitraire et de la violence. C'est pour ce motif que les divers Gouvernements, qui se sont succédés depuis 1804 jusqu'à nos jours, n'ont jamais fait revivre le droit *ad valorem*, selon la qualité, soit à la circulation, soit à l'entrée.

La Taxe Unique considérée au point de vue économique a encore été attaquée sur un autre terrain. Nous devons dire que cette critique, que nous allons étudier, ne nous paraît pas pleinement méritée. On a prétendu que cette combinaison, faisant disparaître l'exercice, donnait toute liberté aux cabaretiers pour la falsification des bois-

sons et que par suite la santé publique et le commerce
avaient tout à craindre d'une telle mesure. Cette opinion a
été émise à diverses reprises lors de l'enquête de 1882. Les
représentants du département de l'Aisne condamnaient la
Taxe Unique en se plaçant à ce point de vue: « N'a-t-on
pas, disaient-ils, dépassé le but en supprimant le contrôle
qui était un obstacle à toute tentative de sophistication ou
de fraude commerciale ? On protégerait ainsi les consommateurs, tout en sauvegardant les intérêts du Trésor ».
L'Ille-et-Vilaine émettait le même avis : « Le régime de la
Taxe Unique provoque la falsification des boissons par les
cabaretiers ». Que valent ces réponses ? Si nous nous rap-
portons à la loi du 28 avril 1816 nous trouvons des dispositions nombreuses relatives à la sophistication des boissons mises en vente chez les débitants exercés. Ils ne
peuvent, aux termes de l'article 59 de cette loi, faire aucun
remplissage, sans l'assistance des employés et tout mélange illicite leur est absolument interdit.

Le devoir des employés est de verbaliser lorsqu'ils
constatent un tel fait : mélange d'eau, etc. Il semble donc
que la critique que nous avons formulée soit fondée. Les
employés n'ayant plus le droit dans les villes à Taxe Unique
d'exercer les débitants, il leur est par suite impossible
d'empêcher de telles fraudes sans recourir aux visites qui
exigent certaines formalités que nous avons déjà indiquées
et qui même seraient le plus souvent infructueuses faute
de preuves suffisantes. Dans les villes exercées au contraire les employés ont une preuve facile puisqu'ils prennent

en charge à chaque exercice les boissons nouvelles et en suivent la vente dixième par dixième en marquant le vide sur la futaille. Si donc lors de la visite suivante, le liquide dépasse la marque faite précédemment. c'est une preuve évidente qu'une introduction soit d'eau, soit de tout autre liquide a été faite hors la présence des employés. Ce sont là des dispositions qui en théorie sont très bien conçues, mais il n'en est pas de même dans la pratique. La fraude arrive facilement à les tourner. La plupart des débitants exercés connaissent trop bien les cas où ils pourraient s'exposer à une contravention pour les éviter soigneusement. Ils agissent simplement et aussi avec peu de danger. Ils font les mélanges qui trompent le public au fur et à mesure de leurs ventes avant de remonter les boissons de leur cave ou bien après un jour de grande production. dimanches ou fêtes, ils ne manquent pas de faire des remplacements qui font échapper une notable partie des boissons vendues au droit de détail, en ayant bien soin de faire l'opération dans de justes limites pour masquer la fraude.

De telles manœuvres sont faciles surtout dans les campagnes, où les exercices ne peuvent avoir lieu qu'à des intervalles relativement éloignés et à peu près réguliers et où par suite les introductions frauduleuses sont difficilement réprimables.

La critique que nous examinons n'a donc pas toute la portée que certains ont voulu lui attribuer ; nous ne voulons pas dire par là que l'exercice soit inutile à ce point de vue ; on arrive parfois à réprimer de telles fraudes nuisibles à tous les consommateurs. Mais de là à dire qu'il les empêche, il y a loin. Nous ne pouvons que regretter que de telles falsifications ne puissent être écartées dans l'intérêt de tous, de ceux qui s'approvisionnent au détail, du producteur et du trésor ; la réduction seule des droits sur les boissons hygiéniques pourrait mettre un frein à des faits aussi regrettables. C'est cet avantage que faisait ressortir le projet du Gouvernement de 1888 : « En opérant le dégrèvement des vins ou des cidres, on encourage la production agricole ; on met à la portée des classes ouvrières des boissons hygiéniques dont le prix s'est tellement élevé, depuis quelques années du moins, pour le vin, qu'une importante partie de la population se trouve réduite à consommer des boissons factices, de qualité douteuse. » Si une telle réduction devait amener ce résultat, nous serions les premiers à reconnaître combien elle serait désirable.

Si nous résumons ce premier paragraphe, nous pouvons dire que la Taxe Unique au point de vue économique n'est pas défendable : non seulement elle n'améliore pas le sort de la classe ouvrière, le débitant s'étant approprié tout le bénéfice résultant du dégrèvement, mais encore elle l'aggrave, en lui imposant un droit le plus souvent en disproportion avec la valeur de la marchandise, et en mettant par suite un plus grand obstacle à son approvisionnement en gros. Le commerçant de détail seul, contre le gré du législateur, a été avantagé par une telle réforme au détriment de tous.

La Taxe Unique mérite-t-elle les mêmes critiques au **point de vue fiscal ?** Reconnaissons toute l'importance de ce second point. Le législateur de 1832 devait en effet s'inspirer de cette idée : « ne pas aggraver l'impôt, ne pas le diminuer non plus », pour réaliser la réforme désirée par les commerçants de boissons. Il était nécessaire que la nouvelle combinaison se suffise à elle-même. Pour arriver à ce but, pour ne pas engager des frais plus importants de perception, pour les diminuer même s'il était possible, le législateur ne pouvait mieux agir que de faire percevoir les nouveaux droits de l'Etat par les octrois communaux. Aussi le système de 1832 ne soulève-t-il pas de critiques à ce point de vue. M. Léon Galpin l'a bien fait ressortir dans son rapport fait à la suite de l'enquête de 1880 : « Les adversaires de cette mesure reconnaissent, a-t-il dit, ce qu'elle a d'avantageux au point de vue fiscal. »

Nous verrons en effet en traitant le point qui nous occupe, que la Taxe Unique réalise une mesure excellente pour le Trésor en assurant la rentrée plus exacte du droit de détail gravement compromis sous le régime de l'exercice par la fraude encouragée par la différence entre ce droit et le droit de circulation ; nous apprécierons tout l'intérêt que présente pour l'Etat ce système lui permettant presque partout d'assurer la rentrée de ses impôts avec des frais de perception moindres par suite de l'obligation imposée aux octrois communaux de recouvrer ces droits. Nous serons ainsi amenés à nous demander s'il serait possible à l'Etat de maintenir la Taxe Unique le jour où une loi déciderait la suppression de ces barrières.

Nous avons précédemment rappelé à la suite de quelles circonstances le législateur de 1875 fût amené à voter l'obligation pour les villes de 10,000 âmes et au-dessus : la fraude était devenue si active dans les grands centres que le service malgré tout le zèle déployé ne pouvait parvenir à l'enrayer et que par suite les droits de l'Etat étaient gravement compromis. Peu de villes avaient en effet usé de la réforme de 1832 et par suite l'Etat ne pouvait en retirer que de faibles avantages. Aussi est-ce seulement après la loi de 1875 que les résultats fiscaux du système se firent bien sentir : l'augmentation de l'impôt sur les boissons hygiéniques fût très sensible dès la mise à exécution de cette loi par suite de la disparition de toute distinction entre la vente en gros et la vente en détail. Nous n'en voulons pour preuve que la statistique suivante inscrite en 1878 dans le projet du Gouvernement tendant à fixer un maximum de tarif pour les villes de 10,000 âmes (1). Les chiffres qu'elle nous donne représentent pour quelques villes la proportion des ventes dans les débits par rapport à la consommation totale avant et après l'établissement obligatoire de la Taxe Unique. Il suffit d'y jeter un coup d'œil pour se convaincre de la gravité des abus qui, sous le mode des exercices, se pratiquaient dans les grandes agglomérations sur le droit de détail.

(1) *Journal Officiel* du 12 novembre 1898 (A. n° 847).

Proportion pour cent de la vente dans les débits par rapport à la Consommation totale :

Villes	Au moment de l'établissement de la Taxe Unique	A l'expiration du 1er trimestre 1878
Montluçon........	70/0	400/0
Cannes...........	13	45
Annonay.........	19	54
Milhau	12	38
Caen	24	37
Valence.........	20	41
Alais	14	57
Châteauroux	20	45
Grenoble........	13	31
Saint-Etienne.....	8	32
Rives-de-Giers ...	5	35
Saint-Chamand...	8	30
Bar-le-Duc.......	18	37
Denain	19	54
Tarare...........	11	45
Le Creusot.......	5	23

Ce ne sont là que quelques exemples : en fait, la situation s'est améliorée dans toutes les villes rédimées et le

rendement de l'impôt indirect a été beaucoup plus considérable. Aussi les prévisions que M. Gouin faisait lors de
la présentation de la loi de 1875 ont-elles été de beaucoup
dépassées. Il estimait à 2 millions 1/2 l'augmentation per-
manente devant en résulter dès l'année suivant la mise à
exécution des nouvelles dispositions. Dès 1878, le Gouvernement l'évaluait à 9,000,000, et ce chiffre se serait encore
beaucoup élevé à la suite de la révision faite en 1881, si un
maximum de tarif n'eût pas été fixé. Quoi qu'il en soit, il
est certain que la Taxe Unique a eu pour premier résultat
d'assurer au Trésor un recouvrement plus facile et par
suite plus complet. La statistique, que nous allons reproduire, l'établit, nous semble-t-il. Certes nous ne voulons
pas dire que l'augmentation considérable qui s'est mani-
festée dans la rentrée de l'impôt, sur les vins particulièrement, soit due complètement à l'établissement obligatoire
du système que nous étudions ; d'autres lois ont eu une
influence marquée sur cette situation, mais il faut bien
reconnaître qu'une part assez importante de cette augmentation est due à la transformation du mode de perception
dans les grands centres où les recels étaient les plus diffi-
ciles à combattre. Nous devons dire, avant de donner les
chiffres comparatifs, que la diminution de l'impôt sur les
vins et sur les cidres en 1880 (la loi nouvelle étant entrée en
vigueur le 1er juillet) et dans les années suivantes par rapport aux années précédentes n'est que fictive. Elle n'a été
que le résultat de la loi du 19 juillet 1880, qui a apporté à
l'impôt des boissons hygiéniques un dégrèvement de 71

millions, en réduisant d'un tiers les droits de circulation,
d'entrée et de détail. Si nous ajoutions ces 71 millions de
dégrèvement, nous verrions que loin de diminuer, le rendement de l'impôt sur les vins et cidres n'a fait qu'augmenter après 1880. Disons que le Ministre des Finances a
signalé dans sa statistique cette influence marquée de la loi
du 9 juin 1875.

Voici donc quel a été le rendement de l'impôt sur les
vins et cidres quelques années avant et après cette loi :

Années	Vins	Cidres
1869	122.542.000	13.016.000
1872	139.195.000	10.890.000
1873	146.020.000	11.229.000
1875	171.086.000	15.606.000
1876	189.274.000	16.354.000
1880	177.625.000	14.318.000
1881	139.720.000	9.552.000
1892	142.464.000	12.866.000

Ainsi l'impôt sur les boissons hygiéniques a fait un
saut brusque dès l'application de la loi de 1875. En 1880
l'augmentation a été encore plus sensible si on tient compte
du dégrèvement : Sans doute on pourrait avancer que cette
diminution d'impôt a favorisé la consommation et par suite
augmenté les droits, mais il faut aussi tenir compte à cette
époque de la hausse des prix produite par les atteintes du

phylloxéra. Il est à remarquer que la première révision des tarifs a eu lieu à cette époque : nous pouvons donc en conclure qu'avant 1881, l'augmentation très sensible du rendement de l'impôt sur les vins et cidres était due principalement à la meilleure rentrée de l'impôt. Nous devons dire que si nous avons pris cette statistique comme base de comparaison, c'est que la Taxe Unique n'est réellement devenue un système important qu'avec la loi de 1875 qui l'a rendue obligatoire. Avant cette époque la Taxe Unique constituait véritablement un système d'exception et son influence sur la rentrée de l'impôt ne pouvait par suite se marquer d'une manière suffisamment probante.

Nous devons donc reconnaître que sur ce premier point la Taxe Unique réalise une réforme des plus avantageuses au Trésor. Elle assure un meilleur recouvrement de l'impôt et comme conséquence contribue à diminuer la fraude. Par là elle est un véritable progrès au point de vue moral. Nous avons indiqué plus haut combien les proportions de la fraude sur le droit de détail étaient considérables dans les grands centres et le mal ne faisait que s'accroître de jour en jour : les commerçants les plus honorables ne se faisaient plus aucun scrupule de frauder les droits dûs à l'Etat, car la fraude devenait presque pour eux une nécessité pour soutenir la concurrence. L'écart entre la consommation chez le débitant et la consommation chez le particulier devenait plus importante chaque année. Une telle situation était des plus regrettables à tous les points de vue : elle faisait naître parmi les populations des habitudes de fraude

qui se perdent ensuite difficilement, en même temps qu'elle
multipliait les critiques et les plaintes contre les agents du
fisc.

Aussi reconnaissons-nous sur ce point le résultat heureux de la Taxe Unique. Si la fraude n'a pas disparu loin
de là dans les villes où est appliqué ce régime, du moins
elle a beaucoup diminué d'importance. Le débitant étant
assimilé au particulier n'a plus d'intérêt à faire venir au
nom de ce dernier les boissons destinées à ses ventes et la
surveillance des employés peut assurer d'une manière efficace, avec le concours des surveillants d'octroi, la répression de la fraude qui se fait principalement par des introductions frauduleuses dans le lieu sujet par des chemins
détournés et par le non-paiement du droit de circulation
pour des transports faits à l'intérieur de la ville.

Le premier avantage de la Taxe Unique au point de
vue fiscal est d'assurer la meilleure rentrée de l'impôt;
mais ce n'est pas là le seul intérêt du système de 1832. Le
recouvrement des droits n'est pas seulement mieux garanti :
il est encore considérablement simplifié et en principe procure à l'Etat une véritable économie de perception. Nous
savons déjà que dans les villes à Taxe Unique, les droits
de l'Etat sont recouvrés par l'intermédiaire des préposés
des octrois municipaux : il en résulte que, dans ces villes,
l'intervention des employés de l'Administration des Contributions Indirectes est limitée au contrôle du paiement de
ces droits et à la surveillance (1), que par suite ils n'ont pas

(1) Exception faite pour les entrepositaires qui continue toujours,

besoin d'être aussi nombreux que dans les villes restées sous le régime général de l'exercice, où des vérifications incessantes sont de toute nécessité pour assurer la rentrée de l'impôt dont il est fait crédit aux débitants.

Aussi leur nombre pouvait-il être réduit sans compromettre les intérêts du Trésor : « Je m'explique parfaitement, disait M. Félix Renaud en 1875, l'intérêt de l'Administration à cette loi. Elle a un premier but : c'est de diminuer son personnel. Il est évident, en effet, que si ce projet de loi est voté, l'Administration n'ayant plus à faire l'exercice des débitants dans les villes son personnel pourra être réduit sans inconvénient ». Disons qu'en fait cette diminution du nombre des employés n'a pas eu lieu : l'Administration a fait simplement une meilleure répartition des nombreux agents maintenus auparavant dans les grands centres soumis à l'exercice et a ainsi grandement contribué à amener une meilleure répression de la fraude : c'est le meilleur emploi que l'on pouvait faire des agents disponibles et le Trésor n'a eu qu'à gagner à une telle mesure.

L'Etat attribue aux préposés de l'octroi, pour le surcroît de travail occasionné par la perception de ses droits, des remises dont le montant a été déterminé par la circulaire 309 du 19 février 1881. Elles sont ainsi fixées :

2 0/0 sur les sommes de 50.000 et au-dessus.
1 1/2 0/0   —   50.001 à 100.000.
1 0/0   —   100.001 à 200.000.
1/2 0/0   —   au-dessus de 200.000.

comme dans les campagnes, à être exercés par le service des contributions indirectes.

Ces remises sont calculées sur tous les droits perçus par les receveurs aux entrées pour le compte de l'Etat : taxe unique, droit de circulation. droit de consommation. Elles sont, il n'est pas besoin de le dire, excessivement modiques. L'Etat fait percevoir ses impôts dans ces villes rédimées à des conditions tout-à-fait avantageuses, usant du principe admis par la loi du 8 décembre 1814 qui impose aux agents de l'octroi l'obligation de percevoir, sous peine de révocation, les droits du Trésor. C'est cette économie dans la perception qui a valu à la Taxe Unique beaucoup de ses défenseurs. On peut facilement se convaincre du peu d'importance de ces frais en examinant la statistique suivante dressée pour l'année 1889. Dans cette année les droits perçus par les receveurs locaux pour le compte du Trésor se sont élevés (droit d'entrée dans les villes de 4000 âmes et au-dessus, droit de Taxe Unique) à 183.000.000 et leur perception n'a occasionné qu'une dépense de 1.160.000 francs, soit 0,64 0/0. Aucun système de perception, il faut le reconnaître, ne pouvait être plus avantageux que celui adopté par le législateur de 1832. Quant à sa légalité, la question est beaucoup plus délicate : Sans doute l'Etat a le pouvoir d'autorité et il n'a fait qu'en user en imposant aux communes l'obligation de percevoir ses droits, mais il faut bien avouer que la part prise par lui dans la dépense est absolument nulle. La commune supporte en définitive tous les frais de perception qui sont assez élevés. Ainsi en 1889 le produit de tous les octrois (Paris compris) était de 295.314.765 fr. et les frais de perception à la charge des communes se sont élevés à 25.276,000 fr., ce qui fait ressortir la moyenne pour l'ensemble à 8,56 0/0. Il semble donc qu'il n'eut été que juste que l'Etat prenne à sa charge une part de ces frais. A cela on a répondu qu'il ne faisait que se servir d'une organisation déjà existante, que par suite il n'imposait aucune surcharge aux communes.

Quoiqu'il en soit, nous avons voulu par cet exposé apprécier l'économie réalisée par la réforme de 1832 et nous pouvons conclure que les remises allouées aux Receveurs d'octroi ne sont pas proportionnelles au travail que leur donne la perception des droits du Trésor. Aussi dans le projet du budget de 1893 le rapporteur du budget du Ministère des Finances disait-il : « Il serait à désirer que l'Etat rémunère d'une manière plus généreuse les agents de l'Octroi tenus de percevoir ses droits par la loi du 8 décembre 1814 ». Ce souhait n'a pas été écouté, et on ne peut qu'en demander la réalisation.

La combinaison de 1832 constitue ainsi, au point de vue fiscal, une réforme avantageuse au Trésor. Mais qu'adviendra-t-il de cette combinaison si les Octrois sont supprimés ? Depuis quelques années c'est en effet une question tout à fait à l'ordre du jour et déjà la loi du 27 décembre 1897 a donné aux communes la faculté de les supprimer. A nouveau, M. Fleury-Ravarin vient de déposer à la Chambre une proposition qui vise à la fois et l'Octroi et la réforme des boissons. Il est donc essentiel de se demander si une fois cette réforme réalisée, il sera possible à l'Etat de faire percevoir, sans l'intermédiaire des receveurs aux entrées, ses droits de Taxe Unique ou si une telle réforme contient en quelque sorte l'arrêt de mort du régime que nous étudions. Supposons donc cette éventualité arrivée et voyons qu'elle en serait la répercussion sur les impôts de consommation perçus pour le compte de l'Etat. La réponse à cette question ne peut assurément faire aucun doute : supprimer les Octrois, c'est mettre l'Etat dans l'impossibilité de continuer à percevoir et le droit d'entrée et la Taxe Unique ; c'est sacrifier du même coup, perçus sous cette forme, non seulement le droit d'entrée, mais le droit de détail compris dans la combinaison. En supposant que l'Etat appréhende de compromettre par des dégrèvements inopportuns la situation financière du pays, comment s'y prendrait-il, les Octrois ayant disparu, pour continuer à percevoir les droits existants ? Il ne le pourrait faire qu'en relevant pour son compte les barrières que les villes auraient abolies, en installant ses propres agents à la place des préposés d'Octroi licenciés ou en reprenant ces derniers à sa solde. Le ferait-il, il s'imposerait une dépense très élevée, hors de proportion même avec les perceptions.

La preuve nous en est fournie par ce qui a lieu maintenant dans le très petit nombre de villes où l'Administration a dû, les Octrois étant supprimés, assurer elle-même la perception des droits du Trésor, de la Taxe Unique. C'est ainsi que récemment à Argenteuil bon nombre de préposés des Contributions indirectes ont dû être envoyés pour assurer aux barrières le recouvrement de l'impôt.

Les frais de perception ont été par suite très élevés 15 0/0 au moins au lieu de 0 fr. 64 0/0 dans les villes à octroi. Evidemment ce régime peut être admis lorsqu'il constitue l'exception, mais s'il devait être la règle l'Etat devrait renoncer à un système aussi dispendieux. Indépendamment de l'aggravation des dépenses qui en résulterait, il y aurait du reste à ce relèvement des barrières une véritable impossibilité morale et l'Etat reculerait certainement devant l'impopularité de la mesure. Quant à prétendre que les droits actuels d'entrée et de Taxe Unique pourraient être assurés et perçus par d'autres moyens que les vérifications aux barrières, c'est une pure chimère. En 1880, lors de l'enquête faite sur les boissons, certains partisans de la Taxe Unique en avaient demandé l'extension non seulement à toutes les villes où serait établi un octroi pouvant assurer la surveillance sur les entrées, mais encore partout où serait installée une recette buraliste, par suite jusque dans les plus petites communes. Une telle proposition réalisée eût certainement gravement compromis les intérêts de l'Etat : il n'est pas en effet possible de croire que l'impôt rentrerait si la Taxe Unique devait être perçue par les receveurs buralistes établis dans le centre de la ville, l'entrée en étant absolument libre : ce serait donner un véritable encouragement à la fraude et quand on pense combien déjà elle est difficile à enrayer dans les villes redimées malgré les barrières établies et l'étroite surveillance sur les introductions, il est permis de se demander ce qu'il adviendrait le jour où ces défilés seraient supprimés et où l'Etat se fierait pour ainsi dire au bon vouloir de chaque contribuable !

Une telle proposition n'est donc pas admissible : il faut en conclure que le systéme de 1832 exige pour pouvoir être accepté le maintien des octrois. Leur suppression devrait être immédiatement suivie, ou, pour mieux faire, précédée, de la réforme des boissons. Il est en effet facile de comprendre que l'Etat ne peut renoncer complètement à tous ses droits portant sur les boissons hygiéniques (droit d'entrée, et avec la Taxe Unique droit de détail) : la Taxe Unique étant délaissée, ce ne serait pas seulement une taxe locale qui disparaîtrait : le droit de détail aboli dans les villes ne pourrait sans grandes difficultés continuer à être prélevé dans les localités de moindre importance où il est perçu sous sa forme propre ; le droit d'entrée et le droit de circulation auraient le même sort. Le résultat serait que l'Etat devrait faire le sacrifice d'un revenu annuel de 80 millions.

Sans doute, il serait possible de rétablir l'exercice pour maintenir tous ces droits mais le rétablissement de ce mode de perception trouverait dans les grands centres redimés de nos jours, trop d'opposition pour que le législateur veuille l'adopter à nouveau. Voulons-nous dire par là que l'exercice soit un système à rejeter ? Loin de nous cette idée. Nous le trouvons au contraire plus équitable que la Taxe Unique, plus conforme au but que poursuit sans cesse le législateur, la lutte contre l'alcoolisme, puisqu'il a pour raison d'être la perception d'un droit plus élevé sur la consommation du cabaret.

Il atteindrait d'autant mieux ce but de nos jours, que l'approvisionnement chez le producteur ou le marchand en gros a été bien facilité par l'absence de toute limite à leurs ventes. Mais il est certain que son rétablissement soulèverait les plus vives plaintes et créerait à l'Administration dans les grands centres de nombreuses difficultés.

Le législateur doit donc s'occuper de donner une nouvelle base à la perception des droits de l'Etat, avant de supprimer les Octrois ; la réforme première des Octrois risquerait de compromettre les recouvrements des droits d'entrée et de Taxe Unique. M. Bardoux disait dans son rapport au moment de présenter ses conclusions : « Il y a une connexité étroite entre les droits perçus à l'entrée des villes au profit de l Etat et ceux perçus au profit des Municipalités. Cette connexité a existé de tout temps. Les propositions relatives aux Octrois doivent être immédiatement précédées de la réforme des boissons », et M. de Verninac exprimait tout récemment encore la même idée. Il est certain en effet que la réforme de l'impôt des boissons préparerait et rendrait plus facile celle des Octrois, car il existe entre ces deux impôts un lien qui s'est manifesté depuis leur origine ; ils se ressemblent par leur caractère, par leur histoire et par les phases qu'ils ont traversées, mais ce qui les unit surtout c'est que le droit d'Octroi est acquitté en même temps et avec les mêmes formalités que le droit d'entrée et de Taxe Unique établis au profit de l'Etat sur les boissons.

En résumé, la conséquence inévitable de la suppression des Octrois, c'est l'abandon sous leur mode de perception actuel dans les villes redimées de la presque totalité des droits que l'Etat perçoit sur les boissons hygiéniques. C'est la réforme du régime fiscal des boissons qui s'impose.

CONCLUSION

Si nous résumons les observations précédentes, nous pouvons comprendre les controverses si importantes auxquelles a donné lieu le régime de 1832. Au point de vue économique, il est condamné ; le but du législateur a été complètement manqué et l'intermédiaire seul a été favorisé. Au point de vue fiscal, comme moyen d'assurer une meilleure rentrée de l'impôt, de simplifier le recouvrement il peut trouver des défenseurs. Mais, nous devons dire qu'à notre avis un tel intérêt ne justifie pas le maintien d'une réforme aussi peu équitable au point de vue économique. Sans doute, l'Etat trouve dans la Taxe Unique des garanties plus certaines, mais le souci des finances de l'Etat, quoique essentiel, ne doit pas cependant primer les intérêts généraux de la presque totalité de la population vivant dans les villes et même dans les campagnes (producteurs).

Aussi, le dernier projet du Gouvernement déposé par M. Caillaux, ministre des finances, demande-t-il la suppression de la taxe unique, dans l'intérêt même et du consommateur et du producteur : il la condamne comme faisant peser sur les boissons hygiéniques, celles dont on doit favoriser la consommation, un impôt trop élevé. Mais, empressons-nous de le dire, il ne demande pas le dégrèvement total de ces boissons ; ce que veut le Ministre, c'est une réduction dans cet impôt et une trans-

formation dans la perception. Opérer le dégrèvement partiel des vins, cidres et poirés, c'est encourager la production agricole, c'est mettre à la portée des classes ouvrières
des boissons dont le prix s'est tellement élevé qu'une importante partie de la population se trouve réduite à consommer des boissons factices de qualité douteuse. La
Taxe Unique mérite cette grave critique. Il est certain, en
effet, que si à ces droits d'Etat on ajoute les droits d'octroi, l'impôt payé sous le régime de 1832 est en disproportion avec le prix de la marchandise et, par suite, en
arrête la vente.

On peut donc affirmer que le dégrèvement des droits
sur ces boissons entraînerait une diminution de prix et
une augmentation de la consommation.

Nous avons précédemment donné les chiffres par lesquels M. Jamais a démontré, à propos de la diminution
des droits de l'Etat et de la Ville, à l'entrée de Paris, en
1881, la connexité qui existe entre la réduction des prix et
l'augmentation de la consommation. Il ajoutait : « Nous
ne saurions omettre de dire que cette consommation est
moins élevée à Paris que dans les autres communes de
la Seine et de beaucoup d'autres départements. Pourquoi?
Parce que, dans ces communes, même celles où existe
l'octroi, le total des droits perçus sur le vin par l'Etat ou
par les communes, est beaucoup moindre qu'à Paris. »

M. Guyot, lors de la présentation de sa proposition (1),

(1) Proposition de loi relative à la suppression des octrois, présentée le 22 juin 1886.

émettait le même opinion, en se basant sur des documents
fournis par l'Administration elle-même : « chaque fois,
disait-il, qu'il y a une diminution des droits, il y a immédiatement augmentation de la consommation : chaque fois
au contraire qu'il y a augmentation du tarif, si petite qu'elle
ait pu être, il y a une diminution de la consommation ; le
rapport n'est pas absolument mathématique, mais le phé-
nomène s'est toujours produit. Ainsi en 1852, il y a eu une
diminution de tarif de 6 0/0 : en 1853, la consommation des
vins augmente de 7, 5 0/0. En 1880, il y a eu une diminution de tarif de 11, 5 0/0, la consommation a augmenté de
20 p. 0/0. Par contre en 1855, il y a une augmentation de
1,03 0/0 : la consommation diminue de 16,8 pour 0/0.
M. Chérot, dans une « Histoire des octrois de Nantes », a
relevé, depuis 1800 jusqu'en 1867, les oscillations de la consommation comparée avec les élévations et les abaissements
de tarifs. Les résultats de ce travail sont décisifs ».

Bien que cette citation vise surtout les droits d'octroi,
et l'influence de ces droits sur la consommation, la conclusion qui s'en dégage s'applique, avec la même force, aux
droits perçus par l'état et à leur action. L'expérience faite
par la Belgique, à la suite de la loi de 1860 qui supprima
les octrois, n'est pas moins probante que les faits que
nous venons de rappeler.

Dans une discussion qui s'engagea devant la Chambre
belge, après la réforme de 1860, le premier ministre, M.
Frère-Orban, mit en lumière l'heureuse influence de cette
réforme sur le prix des objets destinés à la consommation.

Tout récemment encore M. Berthélemy, notre éminent maître, disait dans la Revue de Paris : « La suppression des octrois est une réforme d'ordre national, parce que si l'octroi pèse lourdement sur les populations urbaines qui vivent « dans » la ville, il n'est pas une gêne moins considérable pour les producteurs ruraux qui vivent « de » la ville et dont il réduit les débouchés. » Cette conclusion nous devons l'appliquer à plus forte raison lorsqu'à ces droits d'octroi viennent s'unir les droits très élevés de l'Etat. La situation ne fait alors qu'empirer et la critique précédente acquiert encore plus de force.

Aussi comprenons-nous qu'on réagisse aujourd'hui contre l'élévation excessive dont sont frappées les boissons hygiéniques dans les villes. Beaucoup des membres de la Chambre des Députés, et les plus compétents sur ces matières, voient dans la réduction de ces droits le moyen le plus efficace d'arrêter le développement de l'alcool sme dont les progrès sont si effrayants et les conséquences si terribles tant pour la Société que pour l'individu : « Aucune des mesures contre l'alcoolisme qui ont été prises dans les pays étrangers, disait en 1891 M. Jamais, ne parait avoir produit les résultats attendus. Ni les pénalités, ni la limitation du nombre des débits, ni l'élévation du taux de l'impôt n'ont arrêté les progrès de la consommation de l'alcool. Elle a suivi partout un développement rapide et progressif. En France, comme nous venons de le constater, cette élévation du tarif n'a exercé sur la consommation aucune influence ; elle ne l'a ni diminuée, ni même ralentie.

L'un des remèdes les plus sûrs contre l'alcoolisme, l'un des moyens de le combattre, c'est le bon marché des boissons alimentaires. » Et à l'appui de ses dires M. Jamais a présenté de nombreuses statistiques qui établissent en effet qu'il existe un rapport inversement proportionnel entre la consommation de l'alcool par tête d'habitant et la consommation des autres boissons. « La première, dit il, est d'autant plus élevée que celle-ci est moins forte. » Ainsi à Paris où il est consommé par habitant une moyenne de 2 h. 07 de vin, 0 h. 13 de bière et 0 h. 14 de cidre, la consommation de l'alcool par tête est de 6 l. 7. Au contraire, à Rouen et au Hâvre, villes où il est consommé presque uniquement du cidre (1 h. 64 par tête) et très peu de vin, la consommation de l'alcool s'élève par tête à 16 l. 6 et à 15 l. 3.

Cette même proportion se retrouve dans les statistiques de l'Angleterre. Les rapports des commissaires du revenu intérieur constatent que la consommation des boissons spiritueuses diminue, tandis que celle des boissons hygiéniques augmente. M. Claude faisait devant le Sénat la même remarque : « Il y a toujours, disait-il, un rapport intime entre la consommation de l'alcool pur et celle des principales autres boissons alcooliques, le vin, le cidre et la bière Il a déjà été établi que plus une région récolte de vin et par conséquent en consomme, moins elle absorde d'alcool. Dans celles, au contraire, qui sont privées de vin et qui ont recours à la bière et au cidre, boissons moins alcooliques, la consommation de l'alcool acquiert une grande importance. On pourrait dire que l'homme cherche dans l'eau-de-vie la quantité d'alcool qu'il n'a pu trouver dans la bière et qu'il aurait rencontrée dans le vin ». Ainsi, un dégrèvement partiel des boissons hygiéniques est désirable : il est réalisé dans le projet qu'à tout récemment présenté M. Caillaux, Ministre des Finances ; les droits de détail, d'entrée et de Taxe Unique, actuellement perçus sur les vins, cidres, poirés et hydromels seraient supprimés ; ces boissons resteraient seulement soumises au droit général de circulation dont la taxe serait fixée uniformément à 1 fr. 50 par hectolitre pour les vins et à 0 fr. 80 par hectolitre pour les cidres, poirés et hydromels. Une telle réforme amènerait certainement une large diffusion des boissons alimentaires, et du même coup tout le régime actuel disparaîtrait avec les nombreuses critiques qu'il soulève.

De cette étude nous pouvons conclure que la Taxe Unique est un système allant tout au rebours des aspirations du législateur moderne. Celui-ci veut diminuer l'impôt sur les boissons hygiéniques, le système de 1832 ne fait que l'aggraver.

Il n'a servi en somme qu'à calmer les plaintes d'une minorité peu intéressante, voyant dans le partage du droit de détail entre tous les habitants une nouvelle source de bénéfices. Pour cela l'assiette de l'impôt a été faussée et on est arrivé à établir une contribution variant d'une agglomération à l'autre et perçue différemment que dans les campagnes Un tel système est l'abandon complet de l'idée dont on s'était inspiré en créant deux droits, droit de détail payé par les débitants et droit de circulation payé

par les simples consommateurs et c'est ainsi qu'une distinction, qui avait été prise comme base de la législation,
est devenue par une simple difficulté de perception inapplicable dans la plupart des cas Cependant pour en conserver
tout au moins les vestiges, le législateur l'a maintenue au
regard du Trésor qui continue à en profiter, mais il l'a
abolie au regard des contribuables, les seuls dans l'intérêt
desquels on l'avait justifiée. Etablie en vue d'une plus
exacte répartition des charges, c'est dans la répartition
même qu'on en a supprimé les effets. Ce résultat est des
plus regrettables. Aussi est-il permis de dire qu'à vouloir
corriger le principe posé par la loi de 1816, distinction
entre la vente en gros et la vente en détail, on n'a abouti
qu'à un système hybride, ne pouvant se suffire à lui-même,
obligé pour vivre d'emprunter une organisation existante
et par suite appelé à disparaitre le jour où cette organisation disparaitrait.

Vu :
Le Président de la Thèse,
H BERTHÉLEMY.

Vu :
Le Doyen,
GLASSON.

Vu et permis d'imprimer :
Le Vice-Recteur de l'Académie de Paris,
GRÉARD.

TABLE DES MATIÈRES

Parthenay. — Imprimerie A. RAYMOND.

www.ingramcontent.com/pod-product-compliance
Ingram Content Group UK Ltd.
Pitfield, Milton Keynes, MK11 3LW, UK
UKHW021525090726
13657UKWH00001B/414